MÉMOIRE

JUSTIFICATIF

Dupray de La Mahérie

PARIS

IMPRIMERIE DUPRAY DE LA MAHÉRIE

Boulevard Bonne-Nouvelle, 26 (Impasse des Filles-Dieu, 5)

1866

MÉMOIRE JUSTIFICATIF

M. le juge d'instruction avait été plein d'humanité pour moi ; en autorisant mon transfert dans une maison de santé, je lui dois plus que la vie, probablement la conservation de ma raison ; car il est de toute évidence que ma tête eût éclaté, si j'avais dû subir indéfiniment les angoisses morales dont je fus déchiré, entre les murs étroits d'une cellule et avec parcimonie d'air. Cela est si vrai, que le court séjour que j'y ai fait m'avait anéanti, et qu'en fixant seulement la porte étroite et silencieuse de mon réduit, je ne pouvais maîtriser les pensées étranges qui m'obsédaient.

Je me suis donc rendu, le samedi, 30 juin, à la chambre d'instruction, pénétré d'une profonde gratitude envers le magistrat qui allait m'interroger. J'en suis sorti anéanti sous la pression d'une surprise, non exempte d'amertume, me demandant si la prévention avait force de chose jugée, ou si j'étais tombé assez bas, pour que les affirmations de mon innocence n'aient plus d'écho dans le monde. Mais, grâce à Dieu, cette défaillance s'est dissipée, je ne puis pas dire que je sois fort, car je me sens brisé ; mais, au moins, au sein de ce calme religieux qui m'environne, je trouve quelques idées que je crois utiles à ma défense, et je les consigne, pour que le talent de mon illustre avocat en fasse des forces contre lesquelles les efforts de mes adversaires viendront se briser.

M. le juge d'instruction a divisé son interrogatoire en trois parties bien distinctes. La première porte, sur l'origine de mon entrée dans les affaires commerciales; sur le nombre des opérations que j'ai constituées et leur impuissance de production; enfin sur les différents capitaux qui ont été engloutis par elles. La deuxième s'applique aux faits de complicité avec M. Berthomé, à la connaissance certaine que j'aurais eue de l'origine des sommes qu'il mettait à ma disposition, et des moyens dont il se servait pour se les procurer. La troisième partie est relative à une série de faits établissant que j'aurais exercé une pression sur M. Berthomé, qu'en dehors de mes opérations commerciales, j'aurais fait miroiter à ses yeux des appuis imaginaires; et qu'enfin, par des dépenses exagérées, des achats, un luxe tout à fait en disproportion avec ma situation, j'aurais outrepassé la mesure des dépenses qu'on devait me concéder. Divers incidents et témoignages que je discuterai plus tard, semblaient donner une sorte de raison d'être aux allégations de la prévention. Je partagerai également mon travail en trois parties, sans suivre servilement les divisions de l'instruction.

Il me serait d'ailleurs impossible de reproduire toutes les questions auxquelles j'ai dû répondre, ni surtout leur commentaire plus que sévère, et qui, comme elles, ne se trouve pas dans mon interrogatoire; mais en répondant aux points principaux de l'accusation, je n'omettrai, je l'espère, rien d'essentiel pour ma défense.

MON INTERROGATOIRE

———

Mon entrée dans les affaires, le nombre de mes opérations. — Mes essais successifs. — Les instruments dont je me suis servi. — Ma responsabilité en ce qui touche l'insuccès et la comptabilité. — Le rapport de M. l'expert Magnin.

Je n'ai pas à reproduire l'historique d'un passé consigné dans la note spéciale que j'ai déjà remise à mon défenseur ; mais je le supplie de ne point perdre de vue que ce fut une pensée généreuse, *la création d'une caisse impériale de secours pour venir en aide aux ouvriers laborieux*, qui, en me mettant en rapport avec les frères Marchand, a été la cause déterminante de l'achat d'une imprimerie à leur profit, de la commandite que je leur ai consentie, enfin de la formation de l'engrenage, dont je n'ai pu sortir que broyé. M. le juge d'instruction m'ayant reproché mon incapacité, mon défaut de surveillance, ma négligence en ce qui touche la comptabilité, ma légèreté permanente enfin, il convient, avant de discuter chacun de ces points, d'établir que je n'ai pris la direction, et par suite la responsabilité de mes opérations commerciales, que contre toute attente, à mon corps défendant, et déjà placé, par la faute d'autrui, dans la condition la moins favorable à leur succès.

On me reproche *mon incapacité!* Hélas! il faut plutôt m'en plaindre, elle était le résultat de mes antécédents, de ma situation même,
j'étais tout, sauf commerçant, et pourtant, non-seulement par le fait
de l'absorption de mon capital, mais par les dettes considérables que
me léguaient mes prédécesseurs, il me fallait faire acte de commerce,
et poursuivre la carrière pour laquelle j'étais si peu fait.

Ici se dressa, contre moi, un nouveau danger, plus grand encore
que mon incapacité : c'était ma confiance absolue dans les affirmations d'autrui, et mon inexpérience complète du pavé de Paris. —
Nouveau reproche, me dira-t-on.—Nouveau malheur, répliquerai-je,
résultant de la placidité de ma vie antérieure, de l'élévation du milieu duquel je sortais. M. l'expert Magnin qui, dans un rapport qui
ressemble à un réquisitoire, a si bien scandé les différentes phases de
ma carrière commerciale, où, selon lui, j'aurais dû m'arrêter, n'a pas
trouvé place pour cette déclaration échappée à sa conscience; je le
regrette pour lui et pour moi. « *J'ai déjà, m'a-t-il dit, assisté à bien
des désastres commerciaux, je retrouve dans votre maison, cette masse
de faiseurs qui s'abat sur les situations chancelantes ou incertaines;
toujours les mêmes hommes, toujours les mêmes faits. Sortant de
votre monde, et venant surtout de province, vous deviez fatalement
succomber.* » Telle a été l'une des déclarations de M. l'expert Magnin.
J'étais donc incapable de fait et trompé par état; c'est un grand malheur, sans doute, mais ce ne saurait être un crime.

Mon impuissance a-t-elle pourtant été telle, que je n'aie point tout
tenté afin d'organiser des opérations honorables et productives?— Ici
les faits vont parler pour moi. — J'ai vingt fois changé mon personnel
et successivement constitué plus de soixante opérations différentes.
Pour chacune d'elles, mes adjurations au travail et au succès ont été
sans nombre. Tous mes efforts sont venus se briser contre la trahison
et l'incapacité de mes agents. A chaque instant, je réunissais les chefs
de service, je demandais des états de situation, je me faisais rendre
compte verbalement de chaque objet. On avait réponse à tout: l'a-

venir le plus rapproché allait amener les solutions promises. Je dois
dire aussi, que si la masse de mes affaires n'offre pas aux esprits pra-
tiques des chances discutables de succès, mon ferme espoir dans un
triomphe complet a dû être sérieux à cinq périodes différentes de ma
malheureuse entreprise. J'affirme que j'ai crû et que je devais croire
au succès, et par suite au remploi de tout le capital qui m'avait été
confié en 1862 et 1863, lors de l'édition des *Mémoires des Sanson,*
mêmes années quand on établit un Chemin de croix en pâte céruséenne,—en 1863 et 1864, à l'époque de la commandite de la *Biblio-*
thèque religieuse et morale des familles, — en 1864 et 1865, au moment des promesses mensongères de M. Marziou; et enfin, TOUT
RÉCEMMENT, au sujet de la publication du *Dictionnaire populaire*
illustré.

En justifiant des motifs qui, à ces cinq époques différentes, établissaient dans mon esprit une croyance inébranlable de réussite, ne
réduirai-je pas à néant le reproche grave qu'on m'adresse, d'avoir
perdu un capital si énorme avec autant d'imprévoyance, reproche qui
se trouve formulé avec insistance à chaque alinéa du rapport de
M. Magnin?

Les Mémoires des Sanson. — 1862-1863.

Je n'eusse certes point songé, pour ma part, à me faire l'éditeur
d'un tel ouvrage, mais il m'était imposé par l'administration des
frères Marchand. La personne qui servait d'intermédiaire à Sanson
le prétendait nanti d'une série de documents, pouvant tenir à peine
dans une chambre, et contenant les éléments historiques les plus précieux et les moins connus. Une sorte de mystère, que ma main, on le
concevra, avait une certaine répugnance à soulever, enveloppait
l'auteur et les pièces dont on le disait nanti. M. d'Olbreuse, son agent,

en racontait des merveilles ; des allées et venues continuelles donnaient à penser qu'on travaillait avec ardeur à la compilation des manuscrits et à la rédaction du texte. Sur la foi de telles apparences, l'éditeur s'engagea envers le public. Des prospectus et des modèles de souscription furent lancés, *et l'affaire, commercialement* parlant, était tellement bonne, que près de 13,000 bons de souscription répondirent au premier appel. Alors commença, de la part de ce triste personnel de la rédaction des *Mémoires des Sanson*, ce chantage effréné, se traduisant par des délais, des fins de non-recevoir, des refus de copies, des dilapidations de toute nature ; lutte dans laquelle j'ai dû donner plus de **100,000** fr. pour obtenir un texte que l'on me devait gratuit, et qui s'est terminée par la ruine d'une opération qui, gérée par d'honnêtes gens, eût produit 400,000 fr. de bénéfices nets. J'ai, du reste, tout tenté pour sauver cette publication.

En exigeant un style correct, honnête, exempt de tout détail immonde, qu'un tel sujet ne facilitait que trop, je publiai le magnifique album intitulé le *Livre Rouge*, qui devait être donné en prime aux souscripteurs du *Sanson*. Vains efforts, l'affaire était écrasée par la négligence de ses auteurs. Une signature en blanc, qu'ils avaient extorquée à Sanson, leur servit, en dernier lieu, à me voler **10,000** fr., lorsque ces mémoires parurent dans le *Nouveau Journal*, et tout fut dit. Il est si vrai que cette opération de librairie était féconde, qu'à l'heure qu'il est, il n'est pas un libraire qui ne suppose que la maison n'en ait retiré d'énormes bénéfices. Je devais donc croire fermement au succès de cette édition, et telle était ma pensée.

Chemin de Croix en Pâte Céruséenne. — 1862 et 1863.

En 1862, un individu, le sieur Vannier, me fut présenté par un intermédiaire qui m'inspirait toute confiance, et m'apporta une

statuette faite avec une composition dite *Pâte Céruséenne*, dont il
était l'inventeur et pour l'exploitation de laquelle il avait pris un
brevet. La description que me donna M. Vannier de sa composition,
lui attribuait des qualités *sans précédent*, pour toutes les parties de
l'ornementation : une solidité à toute épreuve, l'absence complète
de l'humidité, une grande finesse de grain, l'application de la
dorure mate et brunie sans préparation préalable ; telles étaient les
moindres qualités dont arguait Vannier, et les expériences qui eu-
rent lieu semblèrent donner raison à ses dires. Mais ce qui me sé-
duisit surtout, c'était le bon marché prétendu de la composition. On
me justifia de devis, reposant sur des chiffres et des achats de matière première, qui établissaient que le tirage d'un grand bas-relief
n'excèderait pas, tous frais compris, un prix de revient de **5 fr.** Sous
le bénéfice de ces affirmations, empreintes d'un grand caractère de
bonne foi, et auxquelles se prêtaient les employés, les ouvriers du
sieur Vannier, je voulus créer un chemin de croix hors ligne et qui,
par son bon marché unique, pût combler l'inconcevable lacune qui existe
à cet égard dans la plupart de nos temples. Il résulta des recher-
ches qui furent faites qu'il y avait en France 40,000 églises et cha-
pelles dépourvues de chemins de croix, ou n'en ayant que de déri-
soires. Je rédigeai un prospectus affirmant toutes les prétendues qualités *de la Pâte Céruséenne*, et il y avait dans cette affaire une magnifique spéculation, si les allégations de Vannier eussent été vraies et
ses prix de revient exacts. Mais hélas ! tout cela n'était dans ses mains
qu'un moyen de se procurer des fonds. Sous différents prétextes il
m'entraîna dans une mise d'argent des plus considérables ; puis la
bonne matière première lui faisait défaut, puis l'humidité empêchait la
pâte de prendre, puis le bois faisait éclater le bas-relief, puis il y
avait l'éducation des ouvriers à faire ; mais avec du temps et des sacrifices, il arriverait à un bon résultat final ; le procédé n'était-il pas
excellent, en pouvais-je douter, puisque j'avais reconnu moi-même
la perfection des types qu'il m'avait soumis ? Ce manége indigne

dura plus de deux années, et Vannier ne se déclara enfin impuissant qu'après m'avoir imposé l'achat d'un matériel énorme, et l'organisation d'une fabrique à Courcelles. Il ne me laissait pourtant pas dans l'embarras, car il me donnait ses amis, les frères Etesse, inventeurs et propriétaires des procédés de moulure en gélatine; ces derniers allaient tout réparer par un mode d'exploitation qui défiait toute concurrence; les malheureux, sous le prétexte de les restaurer, ont abîmé les moules de mon chemin de croix, qu'au moins Vannier avait respectés, et ils ne m'ont apporté, comme nouveauté, que des moyens de fabrication déjà employés et reconnus défectueux. Dignes successeurs de Vannier, les frères Etesse ont déployé plus d'audace dans la voie du mensonge.—Ils pouvaient, disaient-ils, tirer, sans réparure, 5, 6, 7, 10 mètres de moulures, et il est résulté de l'enquête à laquelle je me suis livré, qu'un long travail occulte, avait donné à leurs types cette perfection qui avait séduit tout le monde, et qui eût été la source d'une fortune, si en effet le moule les eût rendus tels. Si on m'objecte ma négligence à vérifier *de visu* toutes ces affirmations, je répondrai que j'ai assisté bien des fois aux expériences, que j'y ai mené des personnes compétentes, et que si les faits qui se passaient sous mes yeux ne confirmaient pas les dires d'une façon absolue, au moins il y avait une apparence de vérité relative, et on me donnait des explications si plausibles, on me présentait avec un tel naturel de magnifiques objets fabriqués à la longue, comme des produits de leurs procédés instantanés, que j'étais à mille lieues du moindre soupçon. Ces gens là me trompaient en présence de 40 ouvriers : l'un manipulant la pâte, l'autre préparant le moule, celui-ci étendant la fusion, celui-là chauffant l'étuve, tous en mouvement, en action, ayant l'œil et réponse à chaque objection, sans qu'un seul eût le courage et la probité de me dire : Mais on vous exploite indignement! vous ne serez pas à dix pas, que chacun fera des gorges chaudes de votre crédulité.— Telle a été, dans mon entreprise, l'action délétère de Vannier et des frères Etesse. Toutefois, en la signalant, je n'hésite pas à dire que si leurs procédés eussent été ce qu'ils les prétendaient, nous en eussions recueilli des résultats considérables; mais il y avait autour de moi une si universelle entente pour m'induire en erreur, que je devais nécessairement en être la dupe. Je comptais donc fermement sur cette branche importante d'exploitation pour la reproduction de mon capital.

Commandite pour la Bibliothèque Religieuse et Morale des Familles. — 1863.

Si ma confiance devait être absolue, c'était, on en conviendra, dans le succès de la Société que j'ai voulu former, en *1863*. Pour la constitution d'une *Bibliothèque religieuse et Morale des Familles*. De tous temps j'ai été voué à la diffusion des bons principes par celle des bons livres. Si on en doute, qu'on lise la brochure que j'ai adressée, dès 1858, à Napoléon Chaix, sur l'établissement des *Bibliothèques Communales*. Oserai-je dire que ce travail, déposé au Ministère de l'intérieur, attira l'attention du gouvernement sur la constitution de ces précieuses collections, et fut mentionné avec éloge dans son Bulletin annuel. Il s'agissait donc de me consacrer au succès d'une idée qui était mienne, et je voulais donner à mon concours le cachet moral et religieux qui lui était propre. Je m'adressai à l'Episcopat, et je puis affirmer qu'il était tout entier avec moi. Cardinaux, archevêques, évêques, répondirent à mon appel. L'un des plus illustres prélats m'écrivait : *Courage, persévérez, vous allez rendre un service de premier ordre à l'Église et à l'humanité.* Je vis personnellement Mgr Dupanloup, et combien d'autres. En un mot, ainsi étayé, pouvais-je avec mes précédents, nanti de cette volumineuse correspondance épiscopale dont je justifie, croire à

l'insuccès d'un appel au capital, alors que le premier faiseur venu.
au nom d'un intérêt contestable et soutenu par un banquier tel quel,
demande et obtient des millions de la crédulité publique? Non, ma
confiance était absolue, elle devait l'être, et je ne pouvais, avant
d'en avoir fait la cruelle expérience; prévoir et supposer que tel
orateur sacré qui sentira sa conscience révoltée à la vue de la gan-
grène sociale inoculée par les mauvaises lectures, et fulminera contre
elle des discours retentissants, n'aura pas une obole à donner à
l'œuvre pratique répondant à son éloquente initiative. Il en a été
ainsi, pourtant, et j'ai complétement échoué dans la commandite
dont j'ai voulu appuyer la *Bibliothèque religieuse et Morale des Familles*.

Intervention de M. Marziou. — 1864.

J'étais certes cruellement désenchanté en 1864, mais cependant
je n'avais pas perdu tout espoir, et je cherchais à vaincre le malen-
tendu qui existait, selon moi, entre le monde religieux et ma per-
sonnalité, lorsque je me crus sauvé par l'intervention de M. Marziou.
— M'accusera-t-on encore à ce sujet de folie et d'imprévoyance,
Qu'on examine et qu'on juge. M. Marziou me fut chaleureusement
recommandé par le Père Félix.

Cet homme, Marziou, dès le début de nos relations, joua vis-à-vis
de moi un double rôle d'une infernale habileté. — D'une part, il me
justifiait des plus magnifiques appuis dans le monde aristocratique et
religieux; il me montrait même un bref du Saint-Père, l'autorisant,
pour ainsi dire, à battre monnaie dans toute la chrétienté, au profit de ses opérations; et, d'autre part, il se livrait envers moi à une
sorte d'enquête, sur mes tenants et aboutissants, sur ma solidité
commerciale, sur la sincérité de mes principes, afin, disait-il, de

savoir s'il pouvait, sans danger, livrer toutes les forces dont il se prétendait dépositaire à une entreprise incertaine ou à des convictions chancelantes. Aussi, quelle était mon attitude vis-à-vis de lui. Je le considérais comme le *Deus ex-machina* de ma situation ; je voyais en lui la solution de toutes les difficultés, comme le réalisateur de mes espérances ; j'avais si peu de motifs de cacher mes relations avec M. Berthomé, que je l'abouchai avec lui. Je ne dissimulai pas à Marziou que M. Berthomé était mon commanditaire, qu'une somme de plus d'un million, fournie par lui et lui appartenant ainsi qu'à ses amis, devait lui être remboursée, et je provoquai des entretiens, où je mettais M. Marziou en demeure de nous faire connaître ses moyens d'action. M. Berthomé prenait des renseignements sur le sieur Marziou, et venait me dire que c'était un homme disposant de grandes influences et parfaitement posé dans le monde financier. Je le demande, si j'avais eu de si formidables motifs de dissimuler la nature de mes rapports avec M. Berthomé, aurais-je agi ainsi vis-à-vis de M. Marziou, comme je l'ai toujours fait, du reste, envers qui voulait l'entendre. — Mais qu'advint-il ? Cet individu, abusant de la confiance qu'il avait su si habilement m'inculquer, venait chez moi, accompagné de Pères de la Compagnie de Jésus ; il examinait les établissements, feignait de prendre des mesures pour leur agrandissement, me leurait d'un concours officiel des jésuites, résultant d'une délibération, et enfin, me supposant suffisamment conquis, obtenait de moi des traités lui concédant, en échange de l'apport du capital qui m'était nécessaire, d'immenses avantages, à lui, à son fils, et même à l'un des religieux qui devait diriger chez moi une importante publication illustrée. De plus, Marziou se faisait remettre une somme de 10,000 fr. pour les premiers frais qu'il aurait à subir. Oui, je croyais à un grand et légitime succès, car jamais il ne fût entré dans ma pensée, que de si hautes personnalités se fissent les témoins d'un homme aussi audacieux que Marziou, et me scélassent, avec la plus coupable prévoyance, son passé désastreux. Aussi quelle ne fut pas ma réaction, lorsque j'en fus informé. Qu'on lise les pièces de mon dossier Marziou, et celles de mon procès avec lui ; qu'on se reporte aux détails de notre explication, à la maison même de la rue des Postes, alors que je n'avais plus devant moi que l'ancien directeur de l'*Union maritime*, ayant englouti 22 millions et réduit à la misère des milliers de familles. Qu'on interroge MM. Le Blond, Emmanuel Arago et Rivolet, composant le tribunal arbitral qui a réduit à néant l'odieuse revendication finale de Marziou, et on verra si, en cette occasion, j'ai manqué d'énergie, d'indignation, de prévoyance et de sollicitude, pour les intérêts qui m'étaient confiés. — Ah ! il est bien facile à la prévention de dire à un homme brisé, par tant et tant de douleurs : Vous avez manqué de surveillance, de soins, de la plus vulgaire des aptitudes du commerçant, et vous êtes mille fois coupable ; mais, si l'instruction pénétrait dans le vif même des situations passées, et pouvait en sonder toutes les vertus et tous les périls, combien ne se sentirait-elle pas impuissante et désarmée, puisque en somme elle ne veut et ne recherche que la vérité.

Pour en finir avec cette double question de la commandite et de Marziou, ma confiance devait être absolue, attendu qu'elle reposait sur les encouragements d'éléments aussi élevés que puissants, et, en second lieu, sur une telle habileté à tromper, qu'elle devait atteindre son but.

Si cela est admis, que deviennent les allégations de M. l'expert Magnin, qui semble prendre à tâche de prouver mon arrière-pensée, de céder toujours et quand même à un entraînement coupable. Je m'expliquerai, d'ailleurs, en toute liberté à l'égard du travail de M. Magnin, lorsque je discuterai à fond son rapport, au sujet de ma comptabilité.

Édition et exploitation du Dictionnaire Populaire illustré. — 1865-1866.

Me voici arrivé à la dernière grande combinaison de librairie qui m'ait inspiré toute sécurité dans un succès définitif. Je veux parler de la publication du *Dictionnaire populaire illustré*, par Décembre et Alonnier. Ces deux employés faisaient partie du personnel de mon Imprimerie et me témoignaient beaucoup de dévouement. Je les avais du reste comblés, et M. Décembre notamment, me devait presque la vie, car je l'avais retiré, mourant, d'une casse de compositeur, pour en faire l'un de mes premiers commis. Personne ne conteste l'intelligence de ces Messieurs, leur amour du travail et de la suite dans les idées; mais, ce qui n'est pas moins de notoriété, c'est qu'ils sont dévorés d'une ambition hors de proportion avec leur valeur, et incapables du moindre sentiment de gratitude, surtout envers la cause de leur bien-être et de leur fortune actuelle. MM. Décembre et Alonnier me présentèrent l'opération de leur Dictionnaire sous les apparences les plus séduisantes. En effet, il était à croire qu'un ouvrage bien fait, — et ils se disaient certains du concours de l'élite des savants, — orné d'environ mille gravures sur bois, publié par livraisons, et formant deux magnifiques volumes pour 16 fr., devait obtenir un grand succès, à moins de renoncer à toute combinaison en librairie. J'étais d'ailleurs incité à avoir confiance par l'opinion unanime des commissionnaires, et enfin un franc succès, une vente de plus de 20,000 fr. accueillit les premières livraisons. M. Berthomé, consulté en présence des auteurs, sur l'opportunité de cette tentative, l'approuva, et, au début, croyait fermement comme moi à un produit considérable. A entendre ces Messieurs, toutes nos prévisions devaient être dépassées : il ne s'agissait de rien moins que d'arriver à un écoulement mensuel de 100,000 exemplaires, soit un mouvement de fonds de 40,000 fr. en deux années ; ils auraient atteint une rentrée de 1,800,000 à 2,000,000 de francs. Tout en faisant la part de ces exagérations, au moins le succès des débuts, puisque la première livraison a été vendue à plus de 80,000 exemplaires, me faisait compter sur une progression sérieuse de la vente, à mesure que l'ouvrage avancerait vers la fin. Tout alla bien pendant quelques mois, jusqu'à ce qu'un embarras dans le payement du sieur Krantz, fournisseur du papier du *Dictionnaire*, vint singulièrement changer la face des choses. MM. Décembre et Alonnier s'interposèrent entre moi et M. Krantz, et négocièrent, au bénéfice de ce dernier, en ce que touche le *Nouveau Journal* et le *Dictionnaire*, un acte de nantissement, que celui-ci invoque aujourd'hui, pour se faire adjuger ces deux propriétés, d'une valeur très-considérable, en payement d'une créance de **16,000 fr.**, non applicable à l'objet même formant le gage. Ce n'est que prévoir ce qui arrivera, et ce qui était depuis longtemps préparé, que d'affirmer que les sieurs Décembre et Alonnier, après avoir provoqué près de 400,000 fr. d'avance pour leur Dictionnaire seulement, ont toujours compté sur les embarras pécuniaires de la Maison, qu'ils connaissaient mieux que personne, pour acquérir exclusivement, ou tout au moins en grande partie, une œuvre sortie de leur initiative, et qu'ils savent, ne l'ont-ils pas prouvé au début, pouvoir faire largement produire.

Si le moindre doute, à l'égard de l'arrière-pensée de ces individus, pouvait exister dans mon esprit, ne serait-il point dissipé : 1° par cette diminution notable et successive dans la vente de l'ouvrage, aussitôt que le sieur Krantz a eu, qu'on me permette cette expression vulgaire, mis le grapin sur lui ; 2° par cette négligence coupable, apportée à la rédaction du *Nouveau Journal*, au point d'y introduire un roman d'un de leurs amis, intitulé : *Les Dalles de la Morgue*, dont les péripéties arrivèrent à un tel décousu, dans le sens et dans les faits, que ce fut un *tolle* général parmi les abonnés, qui décida de la suppression de cette publication; 3° par cette audace spécialement imputable à M. Décembre, qui le porta, lui employé de la Maison à 3,000 fr. de traitement, touchant, en outre, avec son beau-père, 500 fr. de rédaction pour le *Dictionnaire*, chaque samedi, à fournir seul, *sous quatre noms différents*, et sans m'en prévenir, la rédaction du *Nouveau Journal*, et ainsi émarger d'une façon scandaleuse à mon budget; 4° par ces faits révélés plus tard, lorsque ces Messieurs me quittèrent, et témoignèrent, par leurs propres dé-clarations à M. l'abbé Cadoret et à Mgr de Veyssière, qu'ils n'avaient aucun souci ni de mon autorité, ni de mes ordres, dont ils se van-taient de n'en exécuter aucun; 5° par cette scandaleuse dépense dont ils chargeaient l'illustration du *Dictionnaire*, afin de tuer l'opération plus vite, et dont le fait suivant révélera l'effronterie : ils se faisaient livrer par M. Trichon un cliché du Palais de l'Exposition de 1867, au prix de 160 fr.; ce cliché était un *procédé Gilot*, que ce dernier donnait à M. Trichon lui-même pour 80 fr.; total : 80 fr. de dilapidation dont M. Décembre, homme du métier, eût pu m'éviter la dépense, en s'imposant une course de *dix minutes* : 6° par de mauvais conseils donnés aux employés, notamment au sieur *Marcaillou*, auquel M. Alonnier disait, à la suite de l'une de mes suprêmes adjurations au travail : « Vous savez, il faut le laisser crier; M. Dupray est l'un de ces hommes aux dires desquels il ne faut faire nulle attention. Pour nous, nous agissons ainsi, et nous nous en trouvons bien; » 7° enfin, par la façon dont ces deux individus m'ont quitté. Qu'on en juge plutôt.

Lorsque le *Dictionnaire populaire illustré*, se trouvant achevé, j'ai voulu m'opposer à une deuxième édition à un sou la livraison, mesure qui, non-seulement eût tué l'œuvre, empêché la vente de **35.000** fr. de marchandises qui restaient en magasin, mais encore, qui eût fourni à ces parasites une nouvelle veine de dilapida-tions; ces deux messieurs voulurent partir, et si, à cette occasion, l'on suppose que j'exagère l'indignation dont je me sens animé, qu'on écoute le langage tenu par le sieur Alonnier dans les bureaux

mêmes de mon imprimerie, et sous le toit de celui sans lequel, lui et
son gendre, seraient aujourd'hui dans la plus profonde misère.
Alonnier se présenta à l'établissement dans un état d'ivresse et s'ex-
prima ainsi :

« Je ne suis pas venu ce matin, parce que j'étais malade vendredi,
» samedi, dimanche et lundi, des émotions que j'avais éprouvées.
» Je viens de faire un dîner monstre avec un de mes vieux amis.
» J'ai bu trois bouteilles de vin, deux verres de bierre et quantité de
» carafons d'eau-de-vie, fumé quatre cigares. En entrant dans l'im-
» primerie, tous les compositeurs ont été épatés en voyant leur prote
» atteint d'un coup de riffe. Je suis heureux, j'ai joué à la Bourse,
» j'ai gagné 500 fr., ce qui me fait 1000 fr. dans ma poche ; aussi, ce
» soir, je f... la barbe à tous les ouvriers, ça sera drôle.

« Je me f... de tout. — Et même du *Dictionnaire?* reprit M. Massy.
» De tout, reprit Alonnier ; le *Dictionnaire*, j'y p... dessus, et si
» M. Dupray veut y mettre le feu, je lui apporterai la torche, comme
» autrefois on fit à Louis XVI. »

Qu'on me pardonne cette ignoble reproduction, mais tel était le
fond de la pensée des hommes que j'avais, pendant des années,
comblés de bienfaits et encouragés, non-seulement par un capital
leur constituant une fortune inespérée, mais encore par des égards
et des présents que l'on me reprochera aujourd'hui, et qui, je suis
obligé de le reconnaître, ne pouvaient être plus mal placés. Mais,
qui saura jamais l'hypocrisie déployée par ces gens-là pour me tromper ? leur attitude soumise, leur désintéressement apparent, jusqu'à
leurs offres de démissions périodiques, lorsque je semblais mettre en
suspicion leur zèle ; toutes les manœuvres enfin dont ils ont usé pour
m'inspirer une confiance absolue, jusqu'au moment où leur réputation
littéraire se trouvant à leur sens établie, leur récolte étant faite et
sentant enfin qu'il n'y avait plus rien à prendre et que le maître
allait se révéler, ils jetèrent le masque et dépeignirent leur âme, il
faut l'avouer, dans un hideux langage. Ce sont bien ces hommes-là

qui racontaient à un tiers que leur besogne était équitablement partagée pour m'exploiter. « Moi, disait Alonnier, *je le prends par ma
rondeur, ma brutale franchise, mais Décembre est bien autrement
habile, il lui fait avaler tout ce qu'il veut.* » (On peut invoquer à ce sujet le témoignage de mademoiselle Salomé.) C'est encore eux qui se
seraient vantés à madame Trocque, la femme de l'un de nos fournisseurs, qu'ils s'étaient bien fait chacun **100,000** fr. à la maison.
Demain, recueilleront-ils, par la plus amère des ironies, les épaves
du *Dictionnaire*? je le crains pour mes créanciers; mais aujourd'hui,
je leur dis : Vous êtes des premiers parmi cette pléiade de misérables
auxquels je dois ma ruine et mon désespoir, et vous êtes, pour une
notable partie, les véritables recéleurs des sommes dont on m'invite
à justifier l'emploi.

Le *Dictionnaire populaire illustré*, entre les mains d'honnêtes gens,
était une mine féconde de production; tout le passé le prouve, et
l'avenir, pour d'autres, malheureusement, que son créateur, en justifiera.

J'ai donc établi, depuis l'origine de mon entrée dans les affaires,
les cinq époques principales de ma gestion, qui m'inspirèrent une
certitude absolue dans le succès de mon entreprise, conviction qui
légitime l'appel successif de fonds auquel je me suis livré, et ma
persistance à sauver, par un triomphe définitif, le capital engagé.
Pour donner plus de force à cette affirmation, il me reste à esquisser
rapidement quelques faits secondaires.

Faits secondaires

Étais-je encore mû par une pensée inintelligente quand j'ai acheté
l'édition du plus magnifique ouvrage qui soit en médecine : *l'Anatomie de l'homme*, par les docteurs Bourgery et Jacob, et dépendant

de la succession des héritiers Beaume. — Tout est caractéristique dans cette affaire. — Un jour, on m'apporte un objet volumineux soigneusement enveloppé dans une serviette : Qu'est cela, demandai-je ? — *Des millions!* me répond-on ; et alors, j'apprends qu'on m'offre l'acquisition d'une édition unique au monde, rédigée par ce que la science compte de plus illustre parmi ses représentants, ornée de gravures qui sont des chefs-d'œuvre, produisant une vente moyenne de 100,000 fr. par an, et enfin médaillée de la grande Exposition. Là, tout semblait honorable, limpide, rien ne paraissait aléatoire ; une pensée que je crois féconde m'illumina l'esprit. Par son prix élevé, l'écoulement de cet ouvrage doit être difficile en France, pensais-je ; mais les traités d'anatomie, *avec planches*, n'existent pour ainsi dire pas à l'étranger, celui-ci est si merveilleux qu'on peut, sans témérité, obtenir le patronage des gouvernements. Il est utile à tant d'études spéciales, que sa diffusion se pourra faire sur une vaste échelle. Je consultai M. Berthomé ; il approuva cette spéculation, et je me mis en rapport avec les héritiers Beaume et leur notaire, Me Tandoux de Marsac. J'eus encore, dans cette occurrence, à déplorer la confiance excessive que je mets par nature à la conclusion de toutes combinaisons.

Les vendeurs, cela était tout simple, firent ressortir la valeur de leur marchandise ; elle était l'œuvre la plus intelligente de la science moderne ; on y avait consacré vingt années et une somme de 1 million **800,000** fr. Le professeur Jacob avait perdu la vue au travail si perfectionné des gravures ; il y avait enfin de 700 à 750 exemplaires en magasin, et du traité d'anatomie proprement dit, comme d'un album complémentaire, on demandait **420,000** fr. Nous réclamâmes la production d'un inventaire ; on fit semblant de le chercher, soit dans l'étude du notaire, soit chez madame Beaume ; mais il ne se trouva pas. Adjurés de dire combien il y avait d'exemplaires en magasin : De 700 à 750, répondirent madame Beaume et ses enfants. Les exemplaires non coloriés se vendaient 800 fr. et coloriés 1,800 fr. — On me les comptait à moi, en moyenne, à 500 fr. — ce qui, en raison de la totalité du prix d'achat, cadrait parfaitement avec l'affirmation des héritiers Beaume.

Je la crus sans peine, et je signai, de bonne foi, un acte de vente ne les obligeant, malheureusement, à ne me remettre que l'ouvrage tel qu'il se trouvait à la mort de M. Beaume. J'effectuai des premiers versements s'élevant à la somme de 12,000 fr., et lorsque nous voulûmes prendre livraison de notre acquisition, nous ne trouvâmes qu'environ 250 exemplaires complets et le reste était dépareillé, c'est à-dire sans valeur pour nous. De là, procès au tribunal de commerce et en appel; je succombai aux deux instances, attendu que le texte du traité était formel, n'obligeait les vendeurs à ne livrer que ce qui résultait de l'inventaire dressé à la mort de M. Beaume, pièce qui, légalement, réduisit à néant les allégations auxquelles j'avais ajouté une foi absolue. Je fus donc dépossédé de mon acquisition, et les versements anticipés, soit **12,000** fr., furent acquis à mes adversaires. Mais si, en cette circonstance, on constate de ma part une certaine imprévoyance à ne point exiger la production de l'inventaire établissant l'état exact du Bourgery, avant la signature de l'acte de vente, ne doit-on pas également reconnaître avec quelle confiance j'agissais en toute occasion, et à quel point je saisissais les moyens d'action puissants qui, à tort ou à raison, me semblaient recéler la force et la prospérité. Il est heureux, du reste, que la validité de ce marché n'ait pas été maintenue, car cette propriété si importante, au dire des vendeurs et de leur mandataire, a été, quelques jours après la décision de la Cour, qui la leur reproduisait, estimée par eux, m'a-t-on dit, à sa réelle valeur, par une mise à prix d'environ **50,000** fr. Si j'en étais resté possesseur, n'aurait-on pas manqué d'y voir, en face de la catastrophe qui vient de m'atteindre, l'arrière-pensée d'une augmentation d'actif, dont personne n'est moins capable que moi. Si je parle ainsi, ce n'est pas sans raison, cet infâme calcul m'a été attribué !

Devais-je aussi manquer d'espérance en ce qui touche la *Revue des Provinces*, fondée par moi, rédigée par l'élite de nos littérateurs et de nos savants, recueil assez estimé pour qu'à la session dernière, *dix conseils généraux* nous aient spontanément voté des encouragements? Pourtant, là *Revue* se traduisant par des pertes, j'ai voulu plusieurs fois la supprimer; deux fois, sur la demande de M. Fournier, son rédacteur en chef M. Berthomé en a sauvé et perpétué l'existence?

Ai-je manqué de prévoyance à l'égard de l'affaire du *Monde Chrétien illustré*, tour à tour placée sous les administrations suivantes, qui toutes me faisaient espérer un succès : celles de MM. de Lescure, le père Lacoste jésuite, Collin de Plancy et Mgr de Veyssière.

Était-ce une mauvaise pensée, que, tout récemment, la création du *Moniteur du Clergé et des Paroisses*, journal dirigé par un aumônier supérieur de la flotte encouragé, je l'affirme, par les plus hautes influences, et venant loyalement rendre à César ce qui est à César, et à Dieu ce qui est à Dieu, en affirmant haut et ferme la reconnaissance, indignement méconnue, que le monde religieux doit à l'Empereur. Œuvre digne et intelligente, non entachée, comme les autres, d'un passé désastreux et qui se développait à vue d'œil, lorsqu'elle a été emportée avec le reste.

Je ne dirai rien de tant d'autres tentatives, qui, malgré leur impuissance, témoignent assez de mon activité, de mon vouloir incessant de bien faire. Mais, en donnant de si longs détails préliminaires, j'ai voulu seulement établir qu'en face de ma confiance je ne pouvais, ni ne devais m'arrêter dans la voie où je me trouvais engagé, puisqu'à tous les moments, j'ai dû me croire sur le point d'atteindre le but de mon ardente poursuite, le remploi du capital prêté. Voilà pourquoi j'encourageais sans cesse M. Berthomé à soutenir la maison, voilà pourquoi je proteste contre les mauvais sentiments que M. l'expert Magnin me suppose.

Afin de discuter sérieusement un rapport qui forme un des éléments principaux de la prévention, j'aborderai maintenant les faits relatifs aux désordres qu'il relève dans ma comptabilité.

Ma Comptabilité

Tout d'abord et avant d'entrer dans aucun examen des chiffres, voici l'une des déclarations de M. l'expert Magnin, non pas libellée par lui, mais dite devant moi et M. Massy, et à la Chambre d'instruction : *Pour y voir clair dans mes livres, il eût fallu un travail d'au moins deux années.* — M. Magnin a été, environ quinze jours, en possession de quelques registres; dans ses divers entretiens avec moi, il m'a consacré à peu près *quatre heures*, et, après ce que la prévention appelle ses minutieuses investigations, il sabrera ma situation, alors que, de son propre aveu, *un travail de deux ans*, eût pu seul lui former une conviction.

Cette contradiction m'a semblé digne d'être signalée à mon défenseur. Mais, en prenant pour exacts les dires de M. Magnin, que constatent-ils : que le plus grand désordre a toujours régné dans la comptabilité de la maison ; que depuis le mois d'avril 1864 seulement, une espèce de régularisation relative a eu lieu; qu'enfin, avec les éléments mis à sa disposition, il ne trouve pas trace, sur nos livres, d'une somme d'environ **300,000** fr., dont il se hâte pourtant d'établir l'emploi, en l'appuyant sur des éléments pris en dehors de la comptabilité proprement dite. Ainsi, en prenant le travail de M. l'expert dans son sens le moins favorable, l'emploi du capital, bien ou mal employé, je l'examinerai plus tard, est retrouvé; voilà un fait important qu'il ne faut pas perdre de vue.

Avant de poursuivre, je répondrai au reproche très-vif que m'a adressé M. le juge d'instruction: « Le premier devoir d'un commerçant, c'est la surveillance personnelle de sa comptabilité ; vous eussiez dû y participer *de vos yeux, de votre main.* » Tels ont été les termes mêmes formulés par ce magistrat.

A cela, je répondrai que les règles de la comptabilité commerciale forment une science spéciale, qu'on appelle la tenue des livres, et dont peu de chefs de maison sont parfaitement instruits. J'ajouterai qu'il y a des modes divers applicables à chaque genre d'industrie, et que mon entreprise, comprenant des opérations d'une nature toute différente, la comptabilité en devenait compliquée. Je parlerai aussi des faits antérieurs à 1864, dont se soucie peu M. Magnin, mais qui ne nous ont fourni, — par le fait de la coupable prévoyance de mes anciens associés, qui, pour mieux cacher leurs dilapidations, avaient détruit les mains-courantes, les renseignements de toute nature, — que des données des plus incertaines pour établir les chiffres mêmes de la comptabilité postérieure à cette époque. — Je repousserai le reproche de coupable négligence que l'on m'adresse, au sujet de mes livres, en disant que, personnellement tout à fait inexpérimenté en cette matière, j'avais prié M. Berthomé de s'en occuper tout spécialement, et que ce dernier, répondant à mon désir, avait placé à la tête de ce service M. Michaud, l'un des principaux comptables du Comptoir d'escompte ; qu'après la maladie et la mort de ce dernier, M. Berthomé lui avait substitué M. Léo, l'un de ses parents, et comptable du Chemin de fer du Nord.

Il me sera permis de dire que ces spécialistes devaient m'inspirer toute sécurité, et puisque c'est au nom de l'immense somme qui m'était confiée que l'on formule contre moi une plus grave responsabilité, comment m'en pouvais-je supposer davantage exonéré, qu'en tenant mes comptables de la main même de mon principal bailleur de fonds. J'ai donc fait, à ce sujet, tout ce que mon devoir me commandait, et l'on ne saurait voir, dans les inconcevables négligences que ces Messieurs ont commises, une faute qui me soit personnelle.

Enfin, si défectueuse et incomplète qu'elle soit, ma comptabilité a permis à M. l'expert Magnin de reconnaître que, sauf une somme de **300,000** fr., les capitaux qui m'ont été prêtés se trouvent reproduits ; de plus, il retrouve la représentation de cette différence considérable : 1° dans des sommes payées à divers banquiers ; 2° dans des versements Crouy ; 3° dans des intérêts de capital payés, et dont le chiffre n'est pas établi ; 4° dans des payements faits de la main à la main et qui n'ont point été portés sur les livres ; 5° dans les notes Combes et Idrac ; 6° dans les frais innombrables soldés aux huissiers ; 7° dans mes dépenses personnelles pendant deux années ; et enfin dans ce que la prévention appellera mes dilapidations.

Je m'attacherai d'autant plus à expliquer l'emploi de cette fraction de capital, que sa justification m'exonérera du reproche qui me serait le plus cruel, celui d'avoir distrait quelque argent que ce soit, pour me constituer la moindre ressource : — diverses sommes ont, en effet, été soldées à des banquiers, pour le compte de la maison ; et, dans une seule maison de banque, M. Magnin en a lui-même relevé pour 32,000 fr. Depuis quelques mois, j'ai donné plus de 70,000 fr. au prince de Crouy, et à ce sujet j'ai lieu de m'étonner que M. Berthomé ne le fasse figurer dans son compte que pour une somme d'environ **120,000** fr., attendu que, dès 1862, il me faisait lui garantir une créance de Crouy de **57,000** fr., que le prince n'a cessé de recevoir depuis, soit de lui, soit de moi, des fonds considérables que M. Berthomé n'ignorait pas, et qu'enfin il lui aurait remis, depuis le mois de janvier ou de septembre dernier, une somme de près de **60,000** fr. Je ne suis certainement pas au-dessous de la vérité, en affirmant que, depuis l'origine de nos relations, M. de Crouy a touché, toujours en vue de son affaire de Hongrie et de son procès, un capital dépassant **500,000** fr.

Des intérêts considérables ont été payés à divers bailleurs de fonds, dont les capitaux avaient originairement servi à la constitution de l'entreprise, et pour ce qui est des payements faits de la main à la main, pour les besoins quotidiens, M. Magnin en a recueilli la déclaration formelle de celui-là même qui les a effectués, de M. Massy.

J'arrive enfin aux notes Combes et Idrac, que je ferai entrer, avec mes dépenses personnelles, dans ce que j'appelerai, pour un moment, le chapitre de mes dilapidations.

Mes Dilapidations

Note de M. Combes, tapissier.

On pourra juger, de ce chef, par l'explication suivante : Lorsque je suis entré dans les affaires, j'avais un très-beau mobilier, dont la plus grande partie fut consacrée, dans le principe, à l'ameublement des établissements. Quand l'entreprise se développa, il fallut garnir une série de bureaux, nos meubles personnels furent absorbés, et M. Combes nous vendit un mobilier neuf, lors de notre installation rue de Médicis. Deux factures importantes ont été produites par lui : la première s'élevant à environ 25,000 fr. représentait les agencements des différentes maisons, dont plusieurs, celui de la rue de la Paix notamment, devaient être luxueux, et notre appartement ; on ne trouvera pas ce chiffre exagéré, si on réfléchit qu'il a pourvu aux installations des bureaux de l'Imprimerie, de la rue de Trévise, de la rue de la Paix, de la rue de Médicis, de Courcelles, et à notre installation personnelle. Quant à la deuxième note Combes, s'appliquant à une livraison commandée par moi, tout récemment, lors de notre arrivée rue de Poitiers, j'en reconnais, sans doute, et j'en déplore l'inopportunité ; mais je ferai remarquer que j'étais plein d'illusions, d'espérance dans mes affaires, et surtout dans la quadruple opération que je constituais rue de Médicis ; que mon mobi-

lier ancien était entièrement absorbé par les divers services de
l'entreprise, et qu'enfin la livraison en cours d'exécution de
M. Combes a été arrêtée, que tous ses objets lui ont été rendus, bien
avant qu'il ne fût nullement question de faillite dans mon esprit. On
a fait mieux encore : comme il y avait un arriéré de dû à M. Combes, les meubles faisant partie de la livraison personnelle qu'il nous
avait faite rue de Médicis, lui ont été remis, et notre bonne foi était
si évidente, que nous en avons fait la déclaration spontanée à M. le
syndic de ma faillite, à la réquisition duquel ils ont été vendus pour
l'alimentation de l'Imprimerie. Ici, pour en finir avec la question
Combes, vient se placer le reproche de dépenses inutiles que m'a
adressé M. le juge d'instruction, au sujet d'une maison de campagne,
que j'aurais louée à Soisy, et pour laquelle il relève une facture
de 2,000 et tant de cents francs. J'ai en effet, au moment où j'é-
tais le plus souffrant, loué pour *deux années* seulement et moyen-
nant 700 fr., une chaumière, couverte en paille, aussi modeste et pe-
tite que possible. Si, de ce chef, il y a un mémoire Combes de cette
importance, c'est que les prix de ce tapissier ne laissent pas que
d'être fort élevés ; car, je le répète, ses fournitures à ce sujet étaient
plus que simples. J'ajouterai encore que tous ces meubles ont été
déversés dans les maisons de commerce, et spécialement à celle de
la rue de Médicis. En sorte que, par suite de l'absorption, au profit
des établissements, de mon ancien mobilier, de la reddition qui a
été faite au fournisseur de sa dernière commande en cours d'exécution, et des objets de notre installation personnelle, enfin des ventes
effectuées par l'ordre de M. le syndic, non-seulement *nous n'avons
personnellement* profité d'aucune des livraisons de M. Combes,
mais encore les meubles qui nous appartenaient avant et en dehors
des affaires, ont été tous absorbés par elles ; on ne peut donc dire,
qu'en ce qui touche le mémoire de ce tapissier, il y ait à me reprocher
la moindre dilapidation.

Mémoire de M. Idrac, horloger et bijoutier

J'aborde maintenant les faits concernant les mémoires Idrac. La prévention s'accentue à ce sujet d'une façon toute particulière ; cependant, si je reconnais que des dépenses de cette nature eussent pu et dû être évitées, au moins ne doivent-elles être considérées que comme des imprudences. Je suis également, sur ce chef, en face de deux notes : l'une, la première, comprenant une période de deux années, s'élevant à 22,000 fr. la deuxième, toute récente et montant à 14,965 fr.

Dans la première facture seulement, je trouve en diamants offerts à Madame Dupray, ce que la prévention nommera une dilapidation, et ce qui n'a été à mes yeux, en droit et en fait, qu'une restitution. En effet, à l'époque de mon mariage, mon père m'avait donné **10,000** fr. pour en faire tel usage que bon me semblerait ; mon beau-père avait également remis à sa fille une somme de **6,000** fr. ; j'offris à ma femme environ pour 11,000 fr. de diamants. M. le juge d'instruction, s'étant récrié, sur cette générosité, selon lui inexplicable, en raison de la faible dot de Madame Dupray, j'ai omis de lui faire observer qu'elle m'apportait environ 160,000 fr. de fortune en espérances, et que de mon côté j'en offrais autant ; donc ce que j'étais heureux de mettre à sa disposition n'était pas exagéré. Eh bien, le premier sacrifice douloureux que je lui aie demandé pour ces maudites affaires, à la tête desquelles je me trouvais, bien contre son gré, a été d'abord l'engagement de ses bijoux et enfin leur vente. Or, à l'é-l'époque où les *Mémoires des Sanson* faisaient hebdomadairement de bonnes recettes, alors que les Débuts du Dictionnaire populaire illustré donnaient des résultats qui permettaient d'en augurer tout ce qu'en promettaient les auteurs, j'ai reproduit à Madame Dupray ce que je lui avais pris. Je le faisais en pleine conscience du succès de

mes opérations, et à la jeune femme à laquelle ces mêmes opérations avaient non-seulement enlevé ses bijoux, mais sa dot, mais son
mobilier, mais une somme de 47,000 fr. à son père, mais tout une
fortune venant de mon chef, et sur laquelle elle avait dû loyalement
compter, et cette revendication qui me sera vivement reprochée, à
combien s'élève-t-elle ? à une somme de **13,650** fr. Mais le surplus,
me dira-t-on ? Dans le surplus, je trouve une montre de **1500** fr. qui
m'a été spécialement reprochée par M. le juge d'instruction. Or,
cette montre qui en remplaça une fort belle que j'avais, et que mes
premiers embarras m'avaient forcé de vendre, m'a été donnée, et
tout le reste se compose de pendules vendues ou réparées pour
les établissements, ainsi que d'objets offerts par moi aux employés
dont je pensais avoir le plus à me féliciter, et à des personnes qui
nous avaient rendu des services applicables aux affaires. Ainsi dans
le nombre, je relève deux épingles-cravates-brillants : — 615 fr. offertes à MM. Décembre, et Alonnier, *auteurs du Dictionnaire populaire illustré*, dont le travail était permanent, et sur le dévouement
desquels, jusqu'au dernier moment, j'avais la confiance la plus illimitée. — A M. Alonnier, au sujet du mariage de sa fille avec M. Décembre, une boîte d'argenterie, 750 fr. — A M. Massy fils, qui toujours, et à toutes les époques, m'a servi avec un zèle au delà de
tout éloge, faisant double besogne, passant les nuits, etc. une montre en or. — A M. Belloc, services contentieux, un huillier — etc etc.
— Sans doute cette manière de procéder n'est pas dans les habitudes commerciales, la reconnaissance que j'en ai éprouvée, sauf de
bien rares exceptions, est encore à naître ; mais elle était la conséquence de la générosité de mon caractère, et de l'espérance que je
nourissais, qu'en comblant mon entourage de bons procédés, de bienfaits, je trouverais enfin des hommes dévoués, plein de zèle, et prêts
à tous les efforts pour seconder une initiative et des moyens d'action qui ne leur ont jamais fait défaut. Ce système ne m'a pas réussi,
assurément, mais ce ne peut-être un crime de l'avoir tenté.

Quant à la deuxième note Idrac, je n'en dirai que peu de mots, elle se compose de brillants et d'argenterie, et elle est récente. J'ai eu tort de la provoquer, mais je le répète, j'étais plein d'illusions et de foi dans l'avenir ; de plus, M. Idrac, peut en témoigner, l'achat de ses pierres, nous était présenté par lui, comme un bon placement d'occasion, et il paraissait être tel, en effet : je lui en ai refusé de beaucoup plus considérables, et cela *souvent*.

Et enfin, spontanément, MOTU PROPRIO, quoiqu'on en puisse dire, avant la catastrophe, avant la faillite, alors que j'étais à mille lieues de croire l'une ou l'autre possibles, tous les objets formant le deuxième et dernier mémoire de M. Idrac, lui ont été rendus, contre l'annulation de cette créance. Le remède a donc été appliqué à temps pour réparer l'imprudence que j'avais pu commettre. Il est si vrai que toute pensée de dépense futile était à mille lieues de l'achat de ces pierres, qu'au vendeur lui-même, je l'ai toujours représenté comme une restitution que je devais faire à Madame Dupray, et je croyais si bien, pour les dernières commandes, céder à des propositions avantageuses, que la plupart des diamants, ceux cotés le plus cher, N'ÉTAIENT PAS MONTÉS. Ceci n'est qu'un détail, mais il est caractéristique.

Mes loyers

Ici, je retrouve l'un des points sur lequel l'instruction s'est le plus appesantie. — Vous aviez, m'a-t-on dit, rue de Médicis, un loyer de 4,500 à 5,000 fr. — Cela ne vous a pas suffi, et tout récemment, vous avez consenti une location d'environ **11,000** fr. — Dégageons d'abord tout le passé et reportons-le à qui de droit. Dans le principe, j'occupais à Passy un appartement modeste ; il en était de même rue d'Hauteville, et quant à la location de la rue de Médicis, je ne l'ai point faite, mais je l'ai subie. C'est M. Marziou, qui, à l'époque où il prétendait représenter tant de forces religieuses et d'éléments de succès, a découvert cette location, en a traité avec l'ancien propriétaire, M. Gavet, et avec d'autant plus de sollicitude, qu'il comptait s'y installer, à mes frais, lui et sa famille. Cela est si vrai, que l'avantage que, selon lui, il m'aurait acquis, en me trouvant l'installation de la rue de Médicis, a été l'un de ses arguments, lorsqu'il a osé me réclamer une indemnité. M. Marziou évincé, je ne voulais point quitter la rue d'Hauteville; mais, sur les instances de M. Berthomé, qui se préoccupait beaucoup de la surveillance à exercer sur l'établissement, nous sommes venus nous y établir. La force des choses, seule, m'y a donc amené. Je n'ai quitté la maison de la rue de Médicis, je ne saurais trop le répéter, que pour faire place à une quadruple combinaison comprenant mes trois principales publications, et le projet d'édition de la *Marine Illustrée*, faite en vue de l'Exposition. J'appuyais ma confiance en cette affaire sur la participation de Mgr de Veyssière, de M. l'abbé Cadoret, de M. Durand-Brager, de M. de Toulgouët, etc., et enfin sur l'écoulement, à titre de primes, de cette montagne de marchandises qui va, hélas, être vendue au poids du papier. Sous cette impression, j'ai cédé à l'entraînement d'une location trop importante, mais je suis d'autant plus excusable, qu'à ce moment même je supprimais tous les services improductifs, ce qui me faisait bénéficier de l'abandon des locations de la rue de la Paix, des maisons de Courcelles et de la rue de Trévise, s'élevant ensemble au chiffre de **14,600** fr. Enfin j'ajouterai, non pas comme appoint moral, mais au titre de fait matériel, que le loyer de la rue de Poitiers n'a pesé en aucune façon sur l'ensemble de mes opérations, puisque nous y sommes entrés en février dernier, et que le bail a été résilié au mois de mai de la présente année.

Le Banquet du II juillet 1865

Je ne parle de cet incident que parce qu'il m'a été sévèrement reproché dans l'instruction. Si donc on m'en impose la responsabilité,
j'ai le droit d'en revendiquer l'honneur et d'en faire connaître les
motifs. A l'occasion de, ma fête, le personnel de ma maison vint me
demander d'organiser à ses frais un banquet : c'était à l'époque des
grèves et au moment où l'élément populaire, en état de surexcita-
tion et aux prises avec les essais d'une législation nouvelle, semblait
chercher un organe modéré, digne et capable de représenter ses besoins. Sans cesse à l'affût de tout moyen honorable qui pût donner à
mon entreprise un grand développement et une réelle valeur, je réso-
lus de saisir l'occasion qui s'offrait à moi de tenter la fondation d'un
journal quotidien, dévoué à la classe ouvrière, et respectueusement
attaché au pouvoir. Je m'emparai ainsi de l'idée du banquet, qui ne
venait pas de moi, et aux invitations s'adressant à mon personnel, on
en ajouta beaucoup d'autres aux rédacteurs de nos publications et à
quelques personnages distingués. Ainsi que cela arrive toujours, un
certain nombre de demandes d'admission me furent adressées, et
une réunion, qui d'abord devait être restreinte, dépassa le chiffre
de **200** personnes. Le prix de ce banquet n'a pas été, comme
des convives peu reconnaissants l'ont affirmé à M. le Séquestre
judiciaire, de **12,000** fr., mais de **7,000** fr. Voilà donc une première exagération de près de moitié relevée. Mon but ensuite, et
M. Berthomé ne l'ignorait pas, était cette création pleine d'utilité,
dont je formulai les bases dans une improvisation qui fut couverte
d'applaudissements. Le nom de l'Empereur fut acclamé par toute la
population ouvrière que j'avais l'honneur de recevoir, et il semblait
que le concours le plus puissant était acquis à l'œuvre patriotique

dont j'avais l'initiative : elle se serait réalisée si une terrible catastrophe n'était venue broyer mes idées et faire de mes établissements
une non-valeur. Mais qu'on veuille bien lire le compte rendu de ce
qui s'est passé à ce banquet, non-seulement on y trouvera la moralité, et, je l'espère, l'intelligence de ma pensée, mais encore des témoignages singuliers d'estime et d'encouragement, d'autant moins
suspects, qu'ils me venaient de personnages que je voyais pour la
première fois. Je n'ai pas à rougir d'avoir provoqué cette réunion; elle fut de ma part un effort suprême en faveur du succès
qui me fuyait toujours, et il faut me plaindre plutôt que de me
blâmer, de voir tant d'essais en vue du bien, en même temps
qu'ils sont frappés d'impuissance, m'attirer encore de nouvelles récriminations.

Mes dépenses personnelles. — Le témoignage du fruitier Fontaine.

La prévention s'est attachée à établir que j'avais des habitudes de luxe
bien au-delà de mes ressources, et tout à fait incompatibles avec l'état de
gêne de ma maison. Je repousse cette allégation avec la plus grande
énergie. Notre tenue intérieure a été des plus modestes, jamais de dî-
ners, jamais de réceptions, et jusqu'au moment où nous sommes venus
habiter la rue de Poitiers, c'est-à-dire jusqu'en février 1866, nous
n'avons eu pour domestiques qu'une cuisinière et la nourrice du plus
jeune de nos enfants. De temps à autres seulement, nous prenions
un domestique-homme, mais nous avons dû y renoncer. Ce n'était
point trop pour deux maîtres et trois enfants en bas-âge, et madame
était sans cesse occupée aux soins du ménage. Toutefois un fait a
fait l'objet d'une déposition, qui tendrait à m'attribuer un grand
luxe de table. Voici comment l'instruction a été amenée à recueillir

les déclarations mensongères d'un sieur Fontaine, fruitier. J'aurais été
vu, dans cette maison, faisant un achat considérable de fruits, par un
administrateur des Compagnies de chemin de fer. Le sieur Fontaine,
entendu, a fait connaître que j'étais depuis deux années l'un de ses
meilleurs clients, qu'il n'y avait jamais rien de trop bon ni de trop
beau pour moi, que je faisais des achats de 60 fr. de fruits à la fois, et
qu'enfin je donnais 5 fr. rien que pour me porter un panier, etc., etc.
Le sieur Fontaine a déclaré qu'il ne pouvait justifier de mes dépenses
sur ses livres, attendu qu'il négligeait de les faire inscrire. Rien n'est
plus odieux et mensonger que cette déposition, que je n'hésite pas
de qualifier de faux témoignage. En effet, je ne suis allé que quel-
quefois chez le sieur Fontaine; mes acquisitions ont été beaucoup
moins importantes qu'il ne le prétend, et je ne l'avais quitté que parce
que je trouvais ses prix hors de toute proportion avec un gain honnête. Le sieur Fontaine commet un mensonge quand il vient affirmer
à un magistrat, sous la foi du serment, qu'il n'inscrivait pas les acquisitions faites chez lui, car l'ordre le plus parfait règne dans cette maison, et voici comment les choses se passaient : chaque commande
était signalée, par la personne qui servait, à une demoiselle de comptoir, qui en faisait la facture qu'elle remettait acquittée à l'acheteur,
après qu'un employé, placé près d'elle, l'avait inscrite en détail sur
un grand-livre. Ce fait se passait dans un bureau grillé au fond du
magasin. Le sieur Fontaine n'altère pas la vérité avec moins d'audace
quand il prétend, que je suis son meilleur client depuis deux ans;
il y a environ une année que je n'y ai mis, que je n'ai voulu y mettre
les pieds, en raison du taux de ses marchandises, malgré, *ce qu'il se
garde bien de dire, les demandes pressantes qu'il m'a fait adresser
cet hiver, chez M. Hy, coiffeur, boulevard des Italiens, 25, et qui
m'étaient transmises par les commis de ce commerçant.* La déposition du sieur Fontaine est doublement suspecte, parce qu'elle est
mensongère et le résultat d'une pression extérieure. Enfin, si ce commerçant a trompé la justice relativement à ses livres, c'est qu'il re-

doutait l'impression qui eut résulté de l'audace de ses factures. — A la vérité, j'ai déclaré à M. l'expert Magnin, que j'évaluais mes dépenses à environ **3,000** fr. par mois, mais j'ai ajouté qu'il fallait comprendre dans ce chiffre les voitures nécessaires pour les établissements, les loyers et une série de frais applicables aux maisons de commerce. Or, l'éloignement considérable de chaque service, la multiplicité des opérations, les luttes sans cesse renaissantes, qu'il fallait subir contre des poursuites incessantes et qui exigeaient la présence à heure fixe à tel ou tel endroit, mettaient à ma charge environ 30 fr. de voiture par jour et souvent davantage. — On va à pied, m'a dit M. le juge d'instruction.—Cela est impossible, quand il faut surveiller une maison au village Levallois, une autre à la porte St-Denis, celle-ci près du Panthéon, celle-là rue de la Paix, et sous peine de voir sa situation écrasée suffire, sur des points différents, à vingt courses dans une même journée. Il faut donc distraire tous ces faux frais, déplorables sans doute, mais fatalement imposés, de nos dépenses personnelles proprement dites, qui n'ont jamais dépassé 1,000 francs à 1,200 francs par mois. Paraîtront-elles exagérées, si on réfléchit que j'avais mis dans cette opération tout mon avoir, une partie de celui de mon beau-père et de ma mère, la dot de ma femme et que j'y consacrais tout mon temps et mon activité. Je n'agissais point et je ne pouvais agir en vue d'une catastrophe; donc il n'y avait dans ma pensée aucune intention coupable.

La vérité, à mon point de vue, sur la comptabilité.

Mais voici ce qui va surprendre singulièrement M. l'expert Magnin. Si, ainsi qu'il le prend pour base, du déficit de 300,000 fr. dont il me demande compte, j'ai bien reçu (ce que je discuterai dans le chapitre relatif à ma prétendue complicité) des mains de M. Berthomé, dépuis deux années, le chiffre qu'il a relevé sur les indications fournies par ce dernier, j'ose, à mon tour, signaler qu'on devrait me demander raison d'une somme bien supérieure à celle qui vient d'être exposée, car que sont devenues les recettes produites par les opérations de la maison. Si faibles qu'elles soient, elles doivent former un bloc respectable ; à une certaine époque, *les Mémoires des Sanson* et le *Dictionnaire populaire illustré rendaient beaucoup*; il y a toujours eu des travaux de ville, etc. Eh bien, où cet argent a-t-il passé ? Nul ne le sait, nul ne le peut dire, et personne ne croira que j'aie eu l'infamie d'en faire un fonds de réserve. Pourquoi donc M. Magnin, ne s'est-il pas préoccupé davantage de la vraie, de la seule solution d'un si étrange problème, à savoir du gaspillage dont cette entreprise n'a cessé d'être l'objet, et de l'absence complète du moindre élément sérieux de comptabilité? Comment, M. l'expert sait que depuis l'époque d'où précisément il fait courir ses calculs, les comptables m'ont été successivement fournis par M. Berthomé, et il ne le signale pas ; il a appris que l'un et l'autre faisaient partie d'une grande administration financière, et il omet de faire ressortir la confiance que nécessairement j'ai dû avoir dans leur valeur. On lui a déclaré que l'un d'eux, M. Michaud, a été malade pendant **six mois**, ce qui a créé une déplorable lacune dans la tenue des livres, et qu'il est mort d'une affection cérébrale ; et ce fait si important, n'est pas même mentionné dans son travail. M. Magnin a relevé à chaque page des registres des erreurs et des oublis qui le faisaient bondir, c'est lui-même qui a reconnu qu'on imputait à tort à mon compte personnel une somme dépassant **200,000** fr., enfin, il a déclaré que pour formuler une opinion sérieuse sur ma comptabilité, il lui faudrait un examen d'au moins deux années, et il n'est pas venu tenir aux magistrats ce langage : M. Dupray avait des comptables qu'il devait supposer capables, puisqu'ils appartenaient à des institutions de crédit de premier ordre ; ils lui avaient été d'ailleurs fournis par le plus intéressé à surveiller l'emploi de ses fonds, par M. Berthomé ; on me dit que la maladie a pu nuire au travail du principal d'entre eux, en tous cas, àcôté de pertes sans nombre, je trouve un tel désordre dans les chiffres, de si grandes omissions à faire figurer des dépenses dont l'affectation m'a été démontrée, qu'en mon âme et conscience je n'y comprends rien. Je n'excuserai pas le prévenu, mais je ne le chargerai point non plus, car je n'ai aucun élément certain de conviction bonne ou mauvaise. Que dit au contraire M. l'expert?..... Qu'à l'origine l'inculpé pouvait espérer faire de bonnes affaires, mais que sur la pente fatale où il a été entraîné, il n'a jamais voulu s'arrêter, et qu'enfin, avec des éléments pourris d'appréciations, il y a cependant lieu de lui demander compte d'un déficit et de dépenses non justi-fiées. Une telle attitude est inconciliable avec les faits qui, à chaque ligne, ont sauté aux yeux de M. Magnin.

A mon tour, j'affirmerai que j'ai été aussi trompé en comptabilité que sur tout le reste. Je n'accuse pas les agents que M. Berthomé avait placés à la direction de mes livres, d'actes coupables, mais, en m'appuyant sur les négligences, les erreurs, les omissions sans nombre, relevées par M. l'expert Magnin, j'ai le droit de dire : Non-seulement le capital de mon commanditaire, mais le mien propre, mais celui de ma famille, mais une série considérable de rentrées, ont servi de pâture aux agents de cette entreprise, où il n'y avait de vrai, de généreux et de sincère que mon initiative, malheureusement impuissante à lutter contre une bande de faiseurs, dont ma ruine était l'objectif. Si les uns s'enrichissaient à mes dépens et se gorgeaient des ressources dont les opérations étaient le canal, les autres, les comptables, par exemple, par leur incapacité, rendaient ce pillage facile. Et moi, malheureux ilôte au milieu de tant de perfidie et d'im-puissance, je n'avais pas un point d'appui honnête ou vrai pour as-seoir mon jugement et faire la lumière. — Paresseux? Je travaillais jour et nuit. — Imprévoyant? Je demandais chaque jour à tous des états de situation, contre des notes écrites de ma main. (Ce dernier fait a ému M. le juge d'instruction, qui m'a demandé avec vivacité si je me croyais dans une préfecture, hélas, cette illusion m'était bien permise, et là est toute la vérité ; oui, je me croyais toujours dans le même monde, et c'est ce qui a causé ma ruine.) *Grand seigneur!* car cette épithète m'a été appliquée comme une injure, par ceux-là même qui se sont le plus enrichis de mes dépouilles. — Je l'étais, en effet, si c'est l'être, que d'être bon, humain, généreux jusqu'à l'abnégation, et incapable d'autre chose que de faire du bien à tous et toujours ; je l'étais bien peu dans le sens de l'orgueil, car j'ai, volontairement et contre l'avis des miens, abandonné les meilleures chances d'une magnifique carrière. — Ah? je le sens maintenant amèrement, le vulgaire ne pardonne jamais les bienfaits qu'il reçoit, et l'éducation qui le blesse... — Inaccessible ! car, que ne m'a-t-on pas reproché? Tous les jours je recevais et donnais mes ordres aux employés ; presque toujours malade, ce dont il faut tenir compte, je les réunissais souvent au pied de mon lit, lors même que j'étais en proie à de violentes crises. J'avais, il est vrai, peu de goût pour certains fournisseurs ; cela n'était que trop justifié ; à part d'honorables exceptions, je n'en recueillais que de mauvais procédés, des insultes parfois ; je savais ce qu'ils gagnaient, et de plusieurs, peut-être de celui-là qui m'accuse, je connaissais, oui, je l'affirme, je connaissais les offres de pots-de-vin, les enlèvements de fournitures, en un mot, les tentatives de corruption.

Mon brevet de l'ordre de St-Maurice et St-Lazare.

La prévention semble aussi faire ressortir qu'en raison des services que j'aurais rendus au prince de Crouy, il m'aurait fait obtenir l'ordre de Saint-Maurice et Saint-Lazare. Oh ! vraiment, c'est inouï ; pendant trois années j'ai résisté, à ce sujet, à toutes les offres du prince ; enfin, à la tête de plusieurs publications importantes, dont deux allaient devenir politiques, je l'ai autorisé à agir, à son dernier voyage. Toutefois, rien ne caractérisera mieux ma surprise, en recevant ce brevet, que les mots suivants, dont M. Berthomé, qui était chargé de me le transmettre, l'accompagnait : — *Si vous oubliez ce pauvre prince, lui au moins s'occupe de vous.* Pourvu de cette décoration, pour le port de laquelle je n'ai rempli aucune formalité, j'ai poussé même l'oubli des convenances jusqu'à laisser passer six semaines sans répondre à M. de Crouy, qui s'en est plaint avec beaucoup de vivacité à M. Berthomé. Assurément, je ne suis pas de ceux qui pensent qu'on puisse établir la moindre connexité entre une distinction honorifique et une question pécuniaire ; mais si j'avais pu concevoir cet ignoble calcul, il faut avouer que j'aurais bien longtemps négligé d'y faire appel, au moyen de si puissantes ressources.

J'ai essayé, par les considérations qui précèdent, de repousser des allégations dont je ne me dissimule pas l'influence morale sur le procès qui m'est intenté, mais qui ne me semblent s'y rattacher que d'une façon secondaire et relative. Car, enfin, que j'aie plus ou moins dépensé, plus ou moins bien géré mes opérations, c'est affaire entre moi et mes créanciers, et je n'ai point encore dit mon dernier mot sur cette question. Maintenant, je vais aborder les faits d'une gravité suprême dans ce débat, ceux qui s'appliquent à ma prétendue complicité de manœuvres frauduleuses, prévention que je repousse de toute mon énergie et qui me cause, on le comprendra sans peine, une émotion aussi cruelle qu'inattendue.

COMPLICITÉ.

DEUXIÈME PARTIE

Mon attitude dans mes interrogatoires.

Si la connaissance d'une action illégale et l'intention de s'y associer, sont des éléments indispensables pour établir le délit ou le
crime de complicité, j'affirme de la façon la plus solennelle que je
suis la victime de présomptions erronées et d'une appréciation in-
exacte des faits. La justice, quelle que soit la grandeur indépen-
dante, de sa mission, et si bien qu'elle soit représentée dans notre
pays, ne doit rendre ses arrêts que sur des témoignages oraux ou
matériels. En dehors de cela, le jury peut chercher tous les incidents de nature à former sa conviction et à lui faciliter la tâche re-
doutable qui lui incombe; mais, et je suis le premier à le reconnaître, si les erreurs judiciaires sont rares; à quel degré, cependant,
les causes qui le rappellent, étaient riches en preuves soi-disant
accablantes, qui n'ont, hélas, servi qu'à frapper l'innocence.

Dans le procès contre lequel je lutte, j'ai à écarter certains faits, et
une série de circonstances qui, évidemment, ont défavorablement
frappé l'esprit des magistrats, au point d'établir, à mon détriment, de

fortes présomptions de culpabilité. Je déplore cette situation, mais elle ne m'étonne pas, car celui-là seul, qui eût vécu de ma vie depuis six années, assisté à toutes mes luttes, à l'énergie de mes efforts pour bien faire, et eût constaté surtout cette série d'actes honorables, désintéressés, que je n'ai cessé de pratiquer, eût considéré comme non avenues les bases sur lesquelles l'accusation s'appuie, et m'eût exonéré même de la poursuite. Ce verdict, tous ceux de mon intimité l'ont déjà rendu ; je ne l'attends légalement que des investigations minutieuses que les débats pourront fournir.

Autant que j'en suis informé, ma complicité avec M. Berthomé ressortirait : 1º de mon attitude et d'un premier aveu dans mes interrogatoires ; — 2º d'une lettre de 1862, saisie dans mes papiers, et dans laquelle mon commanditaire me parlerait d'une somme de *20,000 francs* qu'il aurait pris à sa caisse ; — 3º d'une autre lettre de moi, invoquant le payement d'une échéance au nom du *salut commun* ; 4º enfin, des déclarations de M. Berthomé.

D'autre part, la pression que j'aurais exercée sur ce dernier résulterait : 1º de toute ma correspondance ; 2º d'influences imaginaires, et de l'appui d'un illustre personnage étranger, dont j'aurais récemment fait miroiter le concours à ses yeux, afin d'en obtenir des fonds. Ce dernier fait, dit l'instruction, semblerait résulter des termes d'un traité intervenu entre moi et M. Berthomé, le *30 mars 1866*, par lequel j'appuie sur cet élément nouveau des remboursements considérables et successifs. Examinons chacune de ces charges et réduisons-la à sa juste valeur. J'ai subi mon premier interrogatoire devant M. le juge d'instruction, le surlendemain même de mon arrestation, et dans une situation d'esprit indescriptible, et je ne crois pas que ma pensée ait été rendue comme j'ai entendu la formuler. On me dira : mais quand on se sent innocent, rien n'émeut votre énergie, ni n'arrête votre indignation ; la formule de la négation n'est pas si difficile à trouver, et on la crie sur les toits plutôt que d'admettre la possibilité d'une suspicion illégitime. — Oui, sans doute, il peut y avoir des caractères assez fortement trempés pour faire de même; mais, n'en conçoit-on pas d'autres, anéantis, écrasés par l'injustice de leur chute, ne voyant autour d'eux, dans cet appareil si horriblement insolite, que nuages et obscurité, poussant même l'effroi et l'abberration jusqu'à se demander si, en effet, ils ne sont pas criminels ?

Oui, il en est ainsi, et ce doivent être les plus honnêtes, les plus fermement attachés aux liens sociaux, et aux arrêts de l'opinion publique. Je suis de ceux qui pensent, qu'un scélérat peut seul envisager, sans trembler, l'accusation qui pèse sur lui, et que ce n'est jamais, sans une terrible angoisse, que l'honnête homme essaye sa justification. Quoi, la veille vous étiez à la tête de vos affaires, au sein de votre famille, vous jouissiez de l'estime publique, vous représentiez une valeur et une signification sociales, vous ignoriez le premier mot de ces cruelles formalités que la loi n'épargne pas, même à la prévention..... Le lendemain, votre passé s'est écroulé, vous avez été arraché des bras des vôtres au milieu d'une scène d'épouvante, un cachot succède au foyer béni dont vous étiez le chef ; dans cette nuit angoissée qui succède à l'arrestation, les cris de vos enfants, les doutes de vos amis, les joies féroces de vos adversaires, la consternation de vos vieux parents, la honte, la ruine, ce je ne sais quoi d'implacable, d'indélébile qui s'attache rien qu'au soupçon, lorsque c'est la justice qui le formule; tous ces spectres passent devant vos yeux, et, quelques heures après, écroué, numéroté, attaché, vous êtes, vous, le prévenu seulement, poussé par un gendarme, dans le cabinet d'un magistrat. Et là, il vous faut donner une explication nette, concise, qui soit l'expression limpide des faits. Prenez garde, que la forme ne fasse point défaut à votre pensée, surtout pas un mot pour un autre; ne vous trompez pas de date, que vos souvenirs aient une précision mathématique; un scrupule de votre conscience, une erreur de vos sens troublés peuvent devenir contre vous des charges accablantes. Situation horible, intraduisible, qui était la mienne, quand j'ai été interrogé en sortant du dépôt de la Préfecture de police, et qui fait regretter de ne pas devenir fou à lier en montant les escaliers, pour qu'au moins la situation momentanée de l'esprit soit constatée.

Ainsi donc, dans mon premier interrogatoire à la chambre d'instruction, j'aurais avoué, que depuis longtemps, je connaissais l'origine des sommes que me procurait mon commanditaire; mais alors, comment mes souvenirs retracent-ils à ma mémoire, une longue explication, par laquelle j'avais fait connaître au magistrat instructeur la plupart des incidents qui entretenaient ma complète sécurité à l'endroit des capitaux de M. Berthomé? Comment suis-je certain d'avoir affirmé dans ce même interrogatoire, que seulement dans les derniers temps, M. Berthomé m'avait parlé, non pas de fonds pris à sa caisse, mais d'opérations irrégulières? Comment dès le lundi, quarante-huit heures après, rappelé pour consentir à la nomination d'un séquestre judiciaire, alors que je voulais affirmer mon innocence, M. le juge d'instruction me dit : Mais vous avez avoué samedi, et je protestai assez vivement pour qu'il ajouta..... Votre premier interrogatoire reste, cependant j'aurai ultérieurement occasion d'entendre vos nouvelles déclarations? Comment enfin tous ces faits positifs se seraient-ils combinés avec l'aveu implicite qui a été relevé, aveu dont j'ai hâte de connaître les termes, car il est bien certain, que lors même qu'ils ne peuvent être que le produit d'une déplorable confusion d'esprit, ils n'en doivent pas moins réfléter des indices de l'ignorance dans laquelle j'ai toujours vécu relativement à l'origine des versements de M. Berthomé. Enfin, qu'il me soit permis de dire, que si c'est chose si grave que les déductions d'un premier interrogatoire, celui dont il s'agit n'est que le second et qu'il ne doit pas coordonner avec mes déclarations de la veille à M. le commissaire de police Duret. Il n'aura surtout rien de commun avec mes affirmations ultérieures, faites avec un esprit calme, non dégagé de tortures, mais au moins fortifié par mille souvenirs. Leur sincé-

rité ne pourra non plus être considérée comme un système, si je
l'appui d'une série de faits dont il est impossible de nier l'évidence.

La lettre de 1862, relative aux 20,000 francs.

Mais la prévention ne s'appuie pas seulement sur l'allégation dont
je viens de déterminer, à mon point de vue, la portée, elle appelle
à son aide des preuves matérielles qui m'ont été reproduites à mon
deuxième interrogatoire à la chambre d'instruction. L'une saisie
dans mes papiers, est une lettre de **1862**, par laquelle M. Berthomé
me déclare formellement qu'il a pris **20,000 fr.** à sa caisse; ce qui
tendrait à prouver que depuis l'origine de nos relations, je ne devais,
ni ne pouvais ignorer ses prélèvements.

Avant d'examiner ce fait spécial ou tout autre aussi déterminé,
je crois devoir établir comment la justice a été armée des pièces sur
lesquelles elle appuie principalement la prévention. C'est moi qui les
lui ai fournies. En effet, lorsque M. le commissaire de police se présenta chez moi pour procéder à ses investigations, il me demanda où
se trouvaient mes papiers; la plupart de mes dossiers étaient à l'imprimerie; mais je me hâtai de lui indiquer les pièces personnelles
qui se trouvaient dans ma chambre. Ces dernières étaient applicables
aux opérations toutes récentes; mais trois caisses qui contenaient
avec une foule de dossiers, les documents relevés à ma charge par
l'instruction, étaient placées dans un petit cabinet de toilette situé
dans un vestibule de dégagement nullement apparent. J'y conduisis
M. le commissaire de police, et j'insistai vivement pour qu'il en fît
la saisie. Je n'ignorais nullement que ces caisses continssent des pièces relatives à mes affaires avec M. Berthomé; mais je n'avais aucun
motif, à mon point de vue, pour les dissimuler. Je n'insiste sur ce
fait, de peu d'importance en apparence, que pour établir la bonne

foi constante de mes intentions; car si on m'accuse, c'est que l'on me croit coupable, et peut-on supposer que si je l'eusse été, je n'aurais point eu la prévoyance excusable alors, de ne pas fournir des armes contre moi, alors qu'il me suffisait de me taire pour l'éviter. Cela dit, j'arrive à l'examen technique des faits.

J'ai cherché à me souvenir à quelle circonstance pouvait se rattacher cette lettre de 1862, et je me suis rappelé l'incident que voici, et au sujet duquel je ne crois pas même devoir être contredit par M. Berthomé. Ce dernier, en effet, à l'égard de cette somme de **20,000 fr.** a pu me dire, et à dû me dire, puisqu'il me l'a écrit, qu'il l'avait empruntée à sa caisse.

Mais, indépendamment de ce que, par sa situation au comptoir, le cautionnement considérable que je lui supposais, je le croyais en mesure de contracter un emprunt de cette nature; je me souviens de lui avoir rendu cette somme. Presqu'immédiatement après, il me consentit ses premières commandites, et cela, à cette époque, il faut bien le dire, avec si peu de difficulté, que je fus persuadé qu'il ne m'avait tenu, au sujet des **20,000 fr.**, le langage que l'on me signale, que pour en opérer la restitution à sa propre bourse, n'étant nullement décidé, à ce moment-là, soit à me commanditer d'une manière générale, ou à former avec moi, ainsi que cela eut lieu depuis, une véritable société en participation. Mais il y a mieux; ce fait déterminé a été, dans la suite, l'un des éléments principaux de la sécurité fatale dont je me suis abusé jusqu'au dernier moment. En me remettant la valeur qui est en cause, M. Berthomé ne me parla nullement de sa caisse, et il ne me fit cet étrange communication que lorsqu'il en pressa la reddition; j'en parlai immédiatement au sieur Cartigny qui était alors mon associé; ce dernier en repoussa toute l'invraisemblance, et me déclara que cela ne lui semblait pas humainement possible. Mais, deux ans après, quand le sieur Cartigny, renvoyé de la Maison, eut fait pour son propre compte des opérations telles, que la faillite et une grave accusation s'en étaient suivies, il se souvint de cet incident, et son homme d'affaires, M. Aperçé, tenta d'exercer sur moi, au moyen d'une lettre dont il se prétendait dépositaire, un odieux chantage. On ne me demandait rien moins *que des centaines de mille francs pour se taire.* Mon dieu, je n'invente rien, la correspondance de cet individu se trouve au dossier Cartigny, faisant partie des papiers saisis. Je signalai ces machinations à M. Berthomé qui en haussa les épaules, me recommanda d'agir avec la plus grande vigueur envers Cartigny; voulut que je déposasse une plainte au parquet contre lui; me dit formellement qu'il n'avait à redouter *aucune dénonciation au Comptoir.* Or, à quelle époque cela se passait-il? en 1865, il y a à peine une année, alors que la presque totalité de son capital m'avait été versée. Singulière contradiction de langage avec les derniers avis qu'il m'aurait donnés, et qui, je l'affirme, m'entretenait dans une complète et fatale quiétude, quant à l'origine de ses prêts.

J'ai à lutter contre une autre lettre saisie dans ma correspondance avec M. Berthomé. Je lui demande de me faire l'une de mes échéances, AU NOM DU SALUT COMMUN. De là, l'accusation conclut que j'avais toute la conscience du danger, que j'en assumais pour moi ma part, et que par conséquent j'agissais en pleine connaissance de cause. Cela est une profonde erreur, et ceux-là seuls qui ont été les témoins de mes anxiétés, de mes terreurs, même en face de la pensée d'une faillite, croiront à la sincérité de ma déclaration, qui assimile cette phrase à l'horreur que m'inspirait une chute commerciale. Oui, en face de ma conscience, la plus désolante de mes prévisions n'a pas dépassé l'éventualité d'UNE FAILLITE; je me sentais écrasé par la terrible responsabilité d'un aussi énorme capital; je connaissais si peu son origine que je voyais, par sa perte, de nombreuses familles dans la misère; je me représentais M. Berthomé, mandataire de ses amis, non pas infidèle, mais imprévoyant, m'accablant d'accusations en apparence justifiées, et c'est pour cela que je demandais à tant de personnalités et d'opérations diverses la possibilité de le rembourser.

Cette multiplicité quasi-insensée d'essais de tous genres, d'appels sans nombre, n'était que la conséquence de la torture continuelle dans laquelle je vivais. J'aurais donné ma vie pour arriver à un résultat sérieux; M. Berthomé le sait bien. Dans le principe, la honte d'une faillite m'épouvantait; plus tard je l'eusse acceptée avec résignation, si elle eût produit le remède désirable; mais le contraire m'était démontré, et quand j'adjurais mon commanditaire de soutenir la Maison quand même, *au nom du salut commun*, c'était la ruine des intérêts des tiers que j'avais uniquement en vue d'éviter

Je ne sais qui a dit : Donnez-moi deux lignes de la main d'un homme, je le ferai pendre. A ce compte-là, que ne devrais-je pas craindre, si la Justice n'était point, à un degré si éminent, en situation de démêler la moralité de la position qui m'était faite.

M. Berthomé a précieusement conservé toute ma correspondance, la tâche des investigations judiciaires a été singulièrement facilitée par son propre soin, car, dès l'origine, chacune des phrases de mes lettres, pouvant servir à des déductions, est soulignée par lui à l'encre rouge. Pourquoi tant de précautions? On ne peut admettre qu'il ait voulu, en face d'une horrible prévision, s'abriter derrière la pression que j'aurais exercée sur son esprit; je l'en crois incapable; mais du fait même de son soin quotidien à scander la nature et l'importance de mes déclarations, il ne s'en suit pas moins à mon endroit, la preuve de demandes d'argent continuelles, faites dans les termes les plus pressants.

Il m'importe donc de préciser le caractère de mon action auprès de lui. A tort ou à raison, j'ai toujours eu confiance dans le succès définitif de mon entreprise commerciale; cette illusion a pris sur mon esprit un tel empire, qu'en écrivant ces lignes, et alors que je sais que tous mes instruments de travail et chacune de mes opérations sont livrés pour une obole au premier enchérisseur, je ne puis m'empêcher de verser des larmes sur tant de moyens d'action brisés, tant de loyaux efforts anéantis, et qui ne demandaient pour désintéresser les plus lourdes créances, que d'honnêtes collaborateurs et du temps.

Eh bien, par cette confiance, folle si l'on veut, mais honnête, j'étais rivé à l'obligation de conjurer M. Berthomé de continuer l'œuvre que, sans aucune pression, il avait commencée, puisqu'il n'y avait été incité que par la conviction de la récupération d'une somme de **57,000 fr.** que lui devait M. de Crouy. Je ne pouvais lui tenir un autre langage, soutenu d'une part par la conviction d'un triomphe en dernier ressort, et de là possibilité que je lui supposais, d'autre part, de me venir en aide.

Et qu'on veuille bien remarquer encore, avec quel désintéressement j'agissais. Quelque fût l'aveuglement de ma sécurité dans le succès de mon entreprise, il n'allait pas jusqu'à me tromper sur la part qui m'en serait, à moi, dévolue. Je savais que, dans les conditions les plus favorables, je ne pouvais espérer atteindre que le remboursement de M. Berthomé, et, peut-être une plus-value dont il aurait avant tout bénéficié. Non-seulement je devais payer les dettes de M. de Crouy, mais je répondais de tout le capital confié à ce dernier, soit par son ami, soit par moi ; et je n'avais à revendiquer aucun droit sur le résultat de son action contre le duc de Modène, tandis que, je ne l'ai sû qu'au dernier moment, M. Berthomé devait recueillir la moitié de la succession, dont M. de Crouy poursuivait la revendication.

Mon coparticipant était devenu propriétaire de la moitié des établissements et des opérations de mon entreprise, je lui avais en outre reconnu par notre traité du 31 mars 1866, une somme de 200,000 fr. de plus que je ne lui devais, en prenant même pour base les chiffres qu'il a produits. Donc, j'ai le droit de le dire, quoiqu'il arrivât, je ne pouvais être que ruiné à ce jeu-là, car le plus légitime des succès devait d'abord alimenter les intérêts d'autrui, et il eût fallu l'un de ces miracles spéculatifs qui favorisent bien peu d'industries, pour que j'aie pu être appelé à bénéficier du moindre avantage. J'avais cependant accepté cette situation avec entrain, sans la moindre arrière-pensée, n'ayant qu'un but, consacrer toute mon existence à reproduire la somme énorme dont j'avais accepté la mise en valeur.

Un mot de moi à paru blesser M. le juge d'instruction, j'ai dit, dans mon deuxième interrogatoire — *si j'avais su qu'il prît à sa caisse*. etc. et aussitôt, on m'a reproduit ma lettre, contenant cette phrase :— *au nom du salut commun* ; et dans laquelle j'ai lu cette autre : chaque billet *sorti de votre caisse* vous sera rendu au centuple. etc. etc. — J'affirme, qu'en me servant de telles formes de langage, j'ai toujours cru m'adresser à M. Berthomé personnellement, ou si l'on veut à la caisse dont il pouvait fournir les fonds, et jamais à celle de son administration ; ah, si l'accusation s'appuie sur les termes de ma correspondance, combien n'en peut-elle pas relever d'autres de ce genre, car la pureté de mes intentions ne me suggérait aucune précaution; j'ai écrit à M. Berthomé des centaines de lettres pour le prier de soutenir la maison, et, *sauf les annotations à l'encre rouge*, que j'ignorais, je savais qu'il les conservait, par ordre de date avec le plus grand soin. Franchement, supposera-t-on que si j'avais pu subir l'entraînement d'une fatale complicité, j'aurais à plaisir, chaque jour, sans besoin aucun, puisqu'il ne tenait qu'à moi de l'entretenir verbalement, fourni des armes si dangereuses, en présence d'une catastrophe, dont personne plus que moi, n'eut reconnu la certitude, si j'avais connu la vérité. Il ne faut pas me supposer cet excès d'imbécilité, alors qu'une cruelle illusion ne me plaçait qu'en face d'une responsabilité matérielle, dont je me sentais bien assez accablé pour tout tenter, afin d'en conjurer les désastres.

Mais je n'aurais pas seulement exercé au point de vue de mes affaires, une pression sur M. Berthomé, j'aurais encore fait miroiter à ses yeux des appuis imaginaires, et récemment celui d'un personnage illustre étranger. Ce dernier fait ressort, non-seulement des affirmations de M. Berthomé, mais il semble être sanctionné par les termes de notre traité du 31 MARS 1866, stipulant des remboursements mensuels très-considérables , que j'aurais déclaré pouvoir réaliser.

Avant de donner à ce fait sa véritable portée, qu'il me soit permis de dégager le fond même de l'affaire, et ma responsabilité envers M. Berthomé, de toute obligation à l'égard d'appuis pris en dehors des opérations qu'il avait lui-même volontairement commanditées. Toutes les sommes que m'a prêtées M. Berthomé ont été employées à des affaires qu'il connaissait, dont les plans et les moyens d'action lui étaient préalablement soumis, recevaient son approbation, et dont, pour quelques-unes, il surveillait lui-même la marche. On ne peut donc m'imputer de m'être servi, ce que du reste je n'ai pas fait, d'exagérations pour en obtenir des fonds, et il serait certainement injuste de voir une intention criminelle, ou un mauvais moyen, dans des tentatives de concours conçues avec bonne foi, et qui n'ont pu aboutir, les unes par des circonstances indépendantes de ma volonté ; les autres, faute de temps. En d'autres termes, on ne peut admettre que j'ai été un seul instant vis-à-vis de M. Berthomé, dans la situation d'un individu qui serait venu lui présenter une affaire ou un appui illusoires, pour s'en faire remettre des capitaux, provoqués par des allégations mensongères. En un mot, M. Berthomé n'avait nul droit d'invoquer ou d'attendre de moi une initiative de la nature de celle qui m'est reprochée, et ce n'est point à cause d'elle, ni pour elle qu'il a donné de l'argent.

S'il a conçu des espérances que j'ai partagées moi-même, et qui eussent été basées sur des publications de premier ordre, placées sous un illustre patronage, il n'en eût pas moins, toujours et quand même, soutenu la maison, puisque, ne le savait-il pas mieux que qui que ce soit au monde, sa chûte était le signal d'une irréparable catastrophe.

Maintenant, je déplore et je ne vois pas à quel titre une mention particulière et défavorable m'est plutôt reproduite à l'égard du dernier incident auquel il est fait allusion dans l'instruction, qu'en raison d'une série de faits de même nature, au moyen desquels j'ai essayé, à différentes époques, de conquérir un concours prédominant dans mon entreprise, disposant surtout de ressources moins aléatoires que celles de M. Berthomé, en ce sens qu'elles eussent pu lui être acquises pendant toute la période d'une sérieuse commandite. Avant d'examiner ce point délicat du débat, M. Berthomé pensera-t-il que j'aie inventé des appuis imaginaires, lorsque je lui ai justifié de cette volumineuse correspondance épiscopale, qui m'excitait au travail, à la confiance, et me promettait le succès? Était-ce une illusion que certaines visites que j'avais faites auprès d'un illustre financier à Paris, et qui furent suivies d'un voyage et d'un séjour dans le Midi, dont, à vrai dire, je n'ai recueilli que de l'indifférence, pour ne pas dire plus. Ai-je trompé M. Berthomé, quand je l'abouchai avec M. Marziou, qui nous arrivait avec un bref du Saint-Père, les plus hautes recommandations à Paris et qui ne demandait que 10,000 fr. pour frais de déplacement et cinq mois pour visiter ses amis de Vienne, d'Irlande, de Rome, etc., et produire un capital colossal, capable de fonder, une véritable institution : *la maison métropolitaine du Clergé?* Non, tous ces faits sont patents; pourquoi donc aurai-je voulu le tromper davantage à l'endroit de l'appui récent, relevé par l'instruction, et sur lequel je vais m'expliquer catégoriquement. — Mais, et à quel titre, je le répète, introduire dans le procès, pour en faire une charge, un élément qui lui est complétement étranger, puisque ce n'est pas sur lui que devait virtuellement reposer la reproduction de la créance de M. Berthomé.

Sous le bénéfice de ces réserves que s'est-il passé? —

Depuis longtemps, et surtout après avoir constaté l'insuccès de la plupart des opérations de librairie, j'avais acquis la conviction qu'un grand journal quotidien, réprésentant une question politique de premier ordre, pouvait seul, non-seulement jeter un lustre de bon aloi sur mon entreprise, mais encore l'exonérer, avec le temps, de toutes les charges qui l'écrasaient; cela était d'autant plus réalisable que je comptais faire entrer dans cette combinaison, à titre d'apport, l'imprimerie et son matériel. Pour donner aux idées formulées par le grand journal que je voulais créer, plus de force et en laisser surtout une trace durable, je voulais y adjoindre la *Revue des Provinces* dont la situation s'améliorait chaque jour et qui venait d'être spontanément encouragée par le vote de dix conseils généraux. La politique que je me proposais de faire soutenir, par l'élite des écrivains qui eût voulu s'associer à ma pensée, était *l'Union des races latines*. Cette théorie n'est pas nouvelle, et un recueil la préconisant a déjà existé, m'a-t-on dit. Mais tout autre chose était de la formuler chaque jour dans un grand organe de publicité, et au moment surtout où les excellentes relations de la France et de l'Espagne et la consécration de l'unité italienne, semblent fonder, sous la haute impulsion de l'Empereur, la seule digue assez forte pour résister à l'ambition des puissances du Nord. Mais, à cette idée, il fallait un Mécène, et je crus pouvoir le trouver dans un personnage dont la fortune colossale, la situation politique éminente, devaient, jusqu'à un certain point, en imposer la diffusion. Je développai, dans un long travail, le programme que je viens seulement d'indiquer et j'en donnai lecture à Mgr de Veyssière, à M. l'abbé Cadoret. M. Édouard Fournier, rédacteur en chef de la *Revue des Provinces*, n'ignorait pas non plus mes plans. J'eus le tort, il est vrai, d'en parler à M. Berthomé qui leur donne, maintenant, une accentuation singulièrement exagérée, et qui prétend, à tort, que la certitude de leur réalisation lui a fait me verser des sommes considérables. Quoi qu'il en soit, je fis, l'hiver dernier, un voyage dans le Nord, afin de les soumettre à qui, dans mon espoir, devait les patroner. Il me fut démontré que le moment n'était pas propice et que j'aurais, dans un avenir prochain, l'occasion de donner à cette affaire une heureuse solution à Paris, si elle était de nature à être agréée. C'est ce que j'allais tenter de faire lorsque la catastrophe a éclaté.

Maintenant on rattache, d'une façon qui m'est défavorable à cette

combinaison, les engagements de remboursements successifs men-
tionnés dans notre traité du 31 mars 1866, et dans des termes qui
semblent s'y référer d'une manière explicite. Au moment où j'ai ré-
digé ce contrat, j'avais fortement lieu de penser à un succès dans
cette voie, et, moi seul, je sais à quel degré j'ai été moi-même in-
duit en erreur par un intermédiaire, qui n'a pas craint de me faire
subir une odieuse exploitation; mais, néanmoins, ayant pu vérifier
les exagérations dont j'avais été la première victime, je n'avais pas
songé à demander l'abrogation de notre traité, parce que j'en espé-
rais la réalisation fondée : premièrement, sur l'adoption des projets que
j'allais soumettre, et, secondement, sur la quadruple combinaison des
publications périodiques que j'organisais rapidement rue de Médicis ;
l'une qui n'était point encore commencée, bien qu'un traité ait été
signé, m'inspirait, en raison de la future exposition, une confiance
absolue : il s'agit de LA MARINE ILLUSTRÉE, faite avec le concours de
M. Durand-Brager, et à laquelle, je l'affirme, les plus illustres appuis
étaient promis. Je devais incessamment partir pour visiter les maîtres
de forges, les constructeurs français et anglais, les créateurs des
modèles qui, à quelque titre que ce soit, alimentent les besoins de
nos ports et de la flotte, afin de négocier avec eux, sur une vaste
échelle, les conditions de l'illustration et de la publicité de leurs travaux. Non-seulement l'Exposition universelle donnait à ce projet une
grande chance de succès, mais nous comblions une lacune vivement
regrettée par les hommes spéciaux. Si j'avais eu l'imprudence d'as-
seoir des engagements sur les produits de cette toute dernière opération, n'aurait-on pas manqué de dire que je faisais encore miroiter,
aux yeux de mon bailleur de fonds, des appuis imaginaires? En tout
cas un tel rôle, auprès de M. Berthomé, était impossible, attendu que
les sommes par lui fournies, avaient une destination qu'il n'ignorait
pas, et qui était exclusivement applicable aux opérations commerciales
qu'il n'eût voulu laisser tomber à aucun prix. J'avais aussi, pour me
confirmer dans les espérances de remboursement que je lui ai fait

partager, non-seulement la création de ce grand journal, que j'aurais vraisemblablement fondé avec le concours indiqué, ma quadruple opération de la rue de Médicis, mais encore l'écoulement d'une montagne de primes qui assurait, de l'aveu de tous, à ces publications, une grande diffusion et le temps d'arriver à les faire soutenir par leur propre valeur.

Faits éloignant toute idée de prélèvement à la Caisse du Comptoir

Je reviens à la conviction profonde que j'avais, que M. Berthomé pouvait, soit personnellement, soit comme mandataire, disposer des fonds qu'il me confiait. Elle était fortifiée, cette persuasion, par des incidents continuels que je n'ai point présents à la mémoire, mais dont on pourra juger par l'ensemble des faits suivants :

Premièrement. — En première ligne, l'énormité du prêt que l'on retourne contre moi, et qui, par son chiffre même, me paraissait mathématiquement provenir de capitaux, dont l'emploi aurait été confié à M. Berthomé. A ce sujet, je recueille un souvenir : un jour, je lui entendis parler d'une dame qui avait un fils dont les dépenses lui causaient de l'inquiétude, et qui lui aurait confié la gestion de tous ses biens composés d'environ 600,000 fr. de valeurs. Oui, lorsque ma pensée s'arrêtait à l'énormité de cette commandite, à la facilité avec laquelle M. Berthomé y pourvoyait, quelques craintes, quelques affirmations qu'il m'eût manifestées, je les eusse toujours mises sur le compte d'un désir bien naturel de remboursement.

Deuxièmement. — La situation élevée que M. Berthomé occupait au Comptoir, les amis nombreux et riches que je lui supposais ; sa fortune, dont le chiffre me semblait autrement important qu'il ne me paraît-être, puisque j'avais entendu dire qu'il avait versé un cautionnement de **160,000** fr,. C'est ici qu'il convient de rectifier l'une des allégations de l'instruction, qui m'a souvent formulé ainsi l'objection suivante : « Comment avez-vous pu supposer qu'*un petit caissier* à 4,000 fr. d'appointements, ait pu, par des moyens licites, vous procurer un tel capital? » M. Berthomé n'était, à mes yeux, ni à ceux de personne un petit caissier; il jouissait, au Comptoir, d'une considération universelle, il semblait vivre dans l'intimité de M. Hernoux; je lui entendais parler du nombre considérable de ses relations, du refus de la croix qui lui avait été proposée; d'une madame Nenneville, son amie intime et dont la fortune dépassait **200,000** livres de rentes. Tout dernièrement, il était à chaque instant question des instances de M. Hernoux, devenu directeur, pour que M. Berthomé acceptât le secrétariat général du Comptoir. En dehors de nos relations d'affaires, je n'avais aucun rapport avec M. Berthomé, je ne pouvais donc juger de la modestie de son intérieur qu'on a voulu opposer au mien, et d'ailleurs, l'eussai-je constatée, cela n'eût pas modifié la puissance des moyens d'action que je lui supposais. M. Berthomé était pour tout le monde l'un des principaux personnages du Comptoir d'escompte.

Troisièmement. — Un fait capital me rassurait surtout sur l'origine des capitaux de M. Berthomé. Le voici : A l'époque où l'édition du *Dictionnaire populaire illustré fut décidée*, je lui devais environ **1,100,000** fr., et j'insistais, d'autant plus, sur cette opération, que ceux qui me la proposaient ne demandaient que deux années pour créer un encaisse de **2,000,000**; M. Berthomé, moins confiant que moi, voulait absolument que je me misse en faillite, et j'ai lutté pendant plusieurs jours avec lui, pour m'y soustraire. Je le demande, que fût-il arrivé, si j'eusse accédé à son désir, et comment eût-il comblé un déficit déjà si effrayant? Pouvais-je, en présence de cela, jamais supposer, lorsque j'y réfléchissais, l'existence de prélèvements illicites.

Quatrièmement. — Devais-je les croire possibles, quand, postérieurement à cette date, je faisais connaître à M. Marziou, la nécessité de rendre à M. Berthomé un énorme capital, et que j'entendais ce dernier en entretenir M. Marziou, avec une complète liberté d'esprit.

Cinquièmement. — M. Michaud, commis à la caisse du Sous-Comptoir, et donné, à ma maison, pour comptable, par M. Barthomé, racontant, dans mon cabinet, l'infidélité d'un garçon de recette de son administration, en présence des employés ajoutait : « Les choses sont tellement contrôlées chez nous, qu'on ne pourrait détourner une obole, » De tels dires; non provoqués assurément, étaient-ils de nature à me faire supposer la possibilité d'un détournement de millions?

Sixièmement. — Que ne me disait pas le prince de Crouy, qui ne cessait de me répéter, quand désespéré d'être sans cesse à faire de nouveaux appels de fonds à M. Berthomé, je voulais tout abandonner. « Vous commettriez une lâcheté. Berthomé peut vous soutenir comme il le voudra et aussi longtemps qu'il le voudra; il a de nombreux amis, il s'arrange avec eux ; la seule obligation rigoureuse qui vous incombe, c'est de ne point quitter votre poste et d'y faire de bonnes affaires, attendu que le moment viendra où il faudra lui rendre des sommes qui, évidemment, ne lui sont confiées que pour un temps. » C'est bien cette conviction qui me faisait dire à M. Berthomé, peu de jours avant la catastrophe : « Je suis convaincu que vous avez pu faire ce que vous avez fait, il faudra prendre des délais avec vos amis. » Le temps habituel d'une commandite est de vingt années, comment des opérations naissantes peuvent-elles reproduire un capital à peine versé? Ce à quoi il répondait : « Et, quand j'aurais emprunté à des amis, la dette en serait-elle moins sacrée? »

Septièmement. — Dans les derniers moments, oui, cela est vrai, M. Berthomé m'a parlé d'opérations irrégulières et de la nécessité de lui rendre promptement son capital; mais que se passait-il en même temps? Sur ses instances et d'après sa volonté, bien justifiée d'ailleurs, je modifiais sans cesse mon personnel, et voulant le sonder, j'eus occasion de lui dire : « Mais ces gens-là n'ignorent pas votre participation à mes affaires, votre autorité et vos droits dans la maison, ne craigniez-vous pas leurs dénonciations? » J'étais d'autant plus fondé à tenir un tel langage, que MM. Décembre et Alonnier, avaient eu connaissance de la tentative de chantage exercée au nom du sieur Cartigny, au sujet de cette première somme de **20,000** fr, et que je savais qu'ils avaient tenus les propos suivants : « Nous nous sommes faits chacun **100,000** fr. chez M. Dupray; nous voudrions qu'il nous en dût 150,000, nous saurions bien nous les faire payer ! » Que me répondait M. Berthomé : « *Renvoyez, renvoyez-les, je ne crains aucune dénonciation au Comptoir. Voulez-vous que je leur dise leur fait moi-même et que je les traite comme ils le méritent.* » Cela se passait un mois avant l'événement. Je le demande, devais-je croire aux derniers avertissements de mon commanditaire; n'est-ce pas à la même époque qu'il m'a dit : « Je vois bien que vous n'ajoutez aucune foi à ce que je vous observe. » Non, non, mille fois non, j'en étais à cent lieues, m'en eût-il appris cent fois davantage.

Huitièmement. — Enfin, si j'avais eu, à l'endroit de l'illégalité du concours de M. Berthomé, non pas une certitude, mais seulement une grave présomption, en aurais-je parlé à qui voulait l'entendre; mais, employés, relations, tous et chacun le savaient. A chaque comité, j'adjurais au travail et au succès, au nom de *millions* engloutis, et qu'il fallait rendre à M. Berthomé. On ne prenait pas une mesure, sans qu'il fut appelé à en connaître, à l'approuver, et à joindre envers ceux chargés de la diriger, ses recommandations aux miennes. Les échéances se faisaient après son versement, parfois

il en remettait le montant à un de mes commis. Sa participation pécuniaire et administrative ne peut être traduite qu'ainsi : elle était
quotidienne, permanente et de notoriété publique.

Si donc, l'on tient peu de compte du cri de ma conscience, cet
ensemble de faits ne prouvera-t-il point surabondamment la sincérité
de mon assertion : à savoir, que je n'ai jamais cru aux prélèvements
illicites à la caisse du Comptoir, et lors même que mon commanditaire, eut excité davantage mes craintes, j'aurais quant même considéré son action comme une pression exercée en vue d'une reproduction qui, en dehors de toute pensée coupable et en présence de
l'insuccès constant de mes tentatives, devait être devenue pour lui
une écrasante responsabilité. Telle est la vérité, toute la vérité.

Le capital qui m'a été versé.

J'aborde ici un point très-délicat, mais non-seulement il explique
sincèrement toute ma pensée, à l'endroit de la nature du concours
de M. Berthomé, mais il rectifie certains faits importants. Je ne
prétends pas que M. Berthomé ait porté à mon compte des sommes
qu'il ne m'aurait pas versées, mais j'affirme que les chiffres qui ont
été établis par l'instruction, sont loin de représenter d'une manière
exacte la quotité de la somme dont j'ai pu disposer. Dans ces différences, dont je pourrai, sans les établir d'une manière précise, faire
apprécier l'importance possible, par quelques renseignements, se
trouve sans doute la cause du point important qui me divise avec
M. l'expert Magnin, au sujet du chiffre de 300,000 fr., dont mes livres ne justifient pas l'emploi; chiffre qui, à mon avis, devrait être
autrement élevé, si on se reporte aux rentrées de la maison. — Je
déclare donc que chacun des traités qui est intervenu entre moi et
M. Berthomé, a constitué à son bénéfice une certaine plus-value,

que cet avantage a été élevé à **200,000** fr. sur le contrat du 31 mars 1866, et qu'enfin, j'ai toujours, au moins depuis 1864, donné à M. Berthomé des reçus contre les sommes qu'il m'a remises ; pièces dont l'ensemble forme seul les fonds qui ont été mis à ma disposition. J'ajoute que M. de Crouy a eu, sur ces versements, une bien plus large part qu'on ne se le figure. Je dois dire que, souvent, je n'ai pas été sans étonnement de voir le chiffre de ma dette monter rapidement pendant de très-courtes périodes, ce qui ressortait d'un état que M. Berthomé me remettait de temps à autre, comme total de sa créance, je trouvais aussi les intérêts, dont je ne touchais pas une obole, singulièrement lourds ; mais voici ce que je m'étais imaginé, et cela donnera la formule précise de ma conviction intime, et surtout plus récente et toute dernière, sur l'origine du capital prêté. Dans le principe, j'avais, dans mon for-intérieur, attribué le concours de M. Berthomé, à sa fortune particulière ; plus tard, à son action personnelle unie à celles de ses amis ; enfin, dans les derniers temps, à ces éléments réunis, auxquels avaient dû se joindre, dans ma pensée, des spéculations de bourse. En effet, M. Berthomé m'a dit maintes et maintes fois, quand je lui demandais de l'argent : ON NE FAIT RIEN A LA BOURSE. Lorsque les événements de guerre ont paru imminents, sa pression était devenue telle, que j'aurais juré qu'une notable partie de son appui avait cette origine. Dans ces conditions, je supposais que M. Berthomé pouvait avoir des remboursements à effectuer, des différences à combler, une série d'ennuis, dont mes opérations étaient l'occasion ; et je lui eusse consenti, sans la moindre objection, toutes sortes de priviléges, dût une vie toute entière de sacrifices être acquise à leur réalisation, sans qu'il en résultât pour moi le plus mince appoint. Je veux dire, en un mot, que je ne me sentais pas dans la situation d'exercer aucun contrôle sur un homme qui me soutenait généreusement depuis des années, mais que je n'eusse point agi ainsi, si j'avais eu affaire à un bailleur de fonds ordinaire. Les intérêts, les prélèvements de Crouy, les plus-values, les droits de propriété sur toutes choses, n'eussent point, certes, été réglés avec l'abandon absolu que je mettais à ces matières. Je trouverais odieux, je le répète, la moindre insinuation, encore moins une accusation; mais en présence de ces dilapidations inexactes relevées à ma charge, je suis obligé de déclarer, que dans mes reçus seuls, en tenant compte des observations précédentes, et non sur nos traités, il faut chercher les éléments sérieux de notre comptabilité.

Je terminerai ce travail par une série d'explications, dont on voudra bien, je l'espère, reconnaître l'importance et l'opportunité.

CONSIDÉRATIONS GÉNÉRALES

————

TROISIÈME PARTIE

Mon passé

Je ne dirai que peu de mots de mon passé, qu'une note détaillée
a déjà fait connaître à mon illustre défenseur. Membre d'une famille
aussi ancienne qu'honorable, composée depuis longues années
presqu'exclusivement de magistrats, je me suis toujours efforcé de
me montrer digne de traditions aussi élevées. Les premières années
de ma vie se sont passées en travaux utiles, auxquels je joignais
des actes de bienfaisance, qui m'avaient acquis dans la ville que
j'habitais une véritable popularité. En 1848, je défendais l'ordre
dans les rues de Paris; immédiatement après je fondais, avec le
concours de M. le général comte de la Tour du Pin, un puissant organe de publicité qui rendit de sérieux services à la cause napoléo-
nienne. J'ai pris dans mon entourage, une part active aux élections
présidentielles et impériales. Les grands journaux rendirent justice
à mes efforts à l'occasion de mon mariage, qui fut béni par Mgr Da-
niel, évêque de Coutances. J'eus aussi l'occasion de rendre à un
auguste personnage un service signalé, dont j'ai fait connaître les
détails, et qui, s'il a pu atteindre le but que je me proposais, a pos-

siblement, sauvegardé d'incalculables intérêts, auprès desquels ceux
dont on me reproche le péril ne seraient qu'une goutte d'eau. J'ai
servi loyalement l'Empereur, pendant cinq années, en qualité de
conseiller de préfecture de la Vendée, et les termes de ma démission
disent assez quel but élevé et intelligent je venais poursuivre
à Paris, où m'attendaient de si cruelles épreuves. Cependant, on
peut le constater, par la nature même de mes publications, de mes
tentatives, chaque fois que ma pensée se dégageait des souillures qui
s'étaient abattues sur ma maison, elle était toujours dévouée, honnête, et elle n'aspirait qu'à de nobles efforts. J'ai fait aussi quelque
bien que je rougis presque de rappeler; mais que de familles me doivent leur existence, que de misères ne me suis-je pas efforcé de
soulager. J'ai, pendant des années, nourri et entretenu des centaines
de personnes, mes ouvriers le savent mieux que tous autres. Ils me
le rappelaient, chaque année, en termes chaleureux et énergiques.
Toute dépense personnelle qui me paraît applicable, n'avait pour
objet que le salut de l'entreprise, car quoiqu'on en puisse dire ou
penser, je n'ai point à lutter contre une accusation d'égoïsme à mille
lieues de mes instincts.

J'ai, en vérité, le droit de le déclarer, mon passé tout entier se
dresse pour me défendre, et chacun de ses actes est l'antithèse de
ceux dont la prévention me suppose capable, au point d'en poursuivre la répression.

Mais j'ai hâte d'arriver à déterminer mon attitude en face des
cruels incidents qui viennent d'avoir lieu. J'ai subi, à cet égard, de
singulières suspicions que je repousse avec la dernière énergie. —
D'une part, M. le juge d'instruction, se méprenant évidemment sur
la vivacité de l'une de mes observations, me fit remarquer que je
semblais avoir bien peu de souci des intérêts de mes créanciers;
d'autre part, je sais que le dépôt de mon bilan a été vu avec défa-
veur, quelques-uns de mes fournisseurs ont dit qu'ils n'auraient jamais cru cela de moi, etc. — Il est donc de toute nécessité que je me

justifie sur un point aussi délicat, et je ne puis le mieux faire qu'en donnant la parole aux faits.

Reproduction du capital dû par la maison.

La catastrophe ayant éclaté, tout-à-coup, j'appris que M. Berthomé s'effaçait; si non en droit du moins en fait, je devais au Comptoir d'escompte une somme énorme. Quelques heures seulement après mon arrestation, M. Hernoux me parlait chez M. le commissaire de police de garanties ou de moyens d'action, en présence desquels il pourrait peut-être donner son désistement; je mis à sa disposition, en tenant compte des autres créances, tout ce que je possédais, les établissements, leurs opérations, les droits éventuels à exercer contre M. de Crouy, je le conjurai de me faire rendre ma liberté, dont les premiers actes eussent été des témoignages irrécusables de sécurité. M. Hernoux me donna de bonnes espérances, qui ne furent suivies d'aucun effet. — Deux jours après, je fus mandé chez M. le juge d'instruction, qui me prévint de la nomination d'un séquestre judiciaire, et me demanda si je comptais m'y opposer. J'adhérai de la manière la plus empressée à toutes les mesures jugées utiles aux intérêts en cause. Rentré à Mazas, je m'empressai d'écrire à mon séquestre la lettre suivante :

Monsieur,

» Monsieur le président, vous ayant nommé mon séquestre judi
» ciaire, vous avez en main les intérêts les plus graves, dont chaque
» heure peut précipiter la ruine; l'échéance de fin mai va nécessiter
» sans doute une réunion de créanciers. Je vous prie, monsieur, de la

» provoquer aussi générale que possible, et d'y faire assister mes dif-
» férents chefs de service, et MM. les directeurs des publications.

» Je vous demande, avec la plus vive instance, d'obtenir de M. le
» juge d'instruction, que je fasse partie de cette réunion, afin de four-
» nir à ceux qui ont le plus le droit de les exiger, tous les rensei-
» gnements de nature à expliquer le passé et à donner à l'avenir les
» plus sérieuses garanties. C'est parce que je sens, monsieur, que je
» suis en mesure d'atteindre ce but, qui est mon plus impérieux de-
» voir, comme mon plus ardent désir, que je viens, au nom même de
» l'élévation du mandat dont vous êtes revêtu, vous conjurer d'obte-
» nir qu'aucune décision ne soit prise au sujet de mes établisse-
» ments, ou de leurs opérations avant qu'au moins, *j'ai eu le mo-
» deste privilége d'être entendu.* »

Si je ne savais quelle décision serait prise, au sujet de la demande
qui précède, tout au moins je ne doutais pas d'avoir une série d'entretiens avec mon séquestre. Je dois déclarer que M. Michel a laissé
expirer son mandat sans me donner signe de vie, ni même honorer
d'un mot de réponse la lettre qui précède. — Mais avant de dire ce
qui advint, je reprends l'incident relatif à mes instances auprès du
comptoir.

Je fis un nouvel appel à M. Hernoux, et je rédigeai un Mémoire
dont j'ai gardé copie, indiquant les moyens puissants de production
de mon entreprise, exonérée des obstacles du passé, ayant du temps,
et placée au besoin en syndicat. Tout d'un coup mes espérances décu-
plèrent, je venais d'apprendre que M. Lallement, entendu devant le
Conseil du Comptoir, avait mathématiquement démontré à cette administration, que si elle voulait alimenter mon imprimerie des travaux dont elle dispose, le remboursement intégral de sa créance, capital et intérêts était l'affaire de cinq années. De quel poids immense ne
me sentai-je pas soulagé! j'étais informé, d'autre part, que la grande
majorité de mes autres créanciers m'était on ne peut plus favorable,

quelques fournisseurs proposaient de donner de l'argent, et de faire toutes les avances nécessaires pour soutenir la maison quant-même, et suffire aux travaux. — Mais, je m'étais bercé d'un fol espoir. L'Administration du Comptoir d'Escompte envisagea que la répartition du déficit était si divisée, qu'aucun intérêt particulier n'en serait atteint d'une manière appréciable, que le mode de reproduction qu'on lui proposait (M. Lallement justifiait au moyen des travaux qu'on pouvait lui donner, de 4 à 500,000 fr. de bénéfices par an), était pour elle une mince affaire, qu'en tous cas, elle n'en voulait ni la charge ni la surveillance. Qu'il n'y avait donc pas lieu à consentir au degrèvement proposé. C'est ainsi que le mode certain de la prompte reproduction du capital compromis fut péremptoirement écarté.— Je reviens à mon séquestre.

Mon dépôt de Bilan.

En dehors de ma participation et sans me demander le moindre renseignement, M. Michel a fait dresser un bilan de ma situation, et m'en a fait proposer le dépôt au tribunal de Commerce, le 14 juin dernier. Ce document renfermait, à mon sens, autant d'erreurs que de mots, et je ne pourrai jamais concevoir à quel point de vue on avait dû se placer, pour arriver à une dépréciation aussi complète de mes établissements ou de leurs opérations. Ce bilan fourmillait d'inexactitudes matérielles. Deux exemples en feront juger : on faisait figurer à mon actif **49,800** fr. en effets à recevoir, qui en fait, se reduisaient à une valeur de 40 fr.; on mettait à la charge de mes évaluations une propriété littéraire de **500,000** fr. que je ne possédais plus depuis plusieurs mois, etc. Je refusai énergiquement de sanctionner par ma signature de telles déclarations, et je fis prier M. Michel d'en prendre lui-même la responsabilité, en déposant mon bilan d'office,

Mais on revint à la charge; j'entendis parler de menaces de banqueroute; je savais qu'une requête avait été présentée à M. le président; alors, privé de liberté, de toute action personnelle, n'ayant pu obtenir une seule entrevue du mandataire que la loi m'avait donné, en un mot, dans cette situation où la défense est impossible, l'âme brisée et l'esprit épouvanté réellement' d'un tel abandon, je me décidai à la faillite, mais en protestant contre les évaluations de mon séquestre judiciaire et en déclarant, sur mon bilan même : *que je ne les acceptais, que sous le bénéfice d'estimations nouvelles et ultérieures.* A peine cette triste détermination était-elle prise, qu'on la retournait contre moi et qu'elle semblait devenir un nouveau témoignage défavorable à invoquer.

La valeur actuelle de mon entreprise.

La faillite suit donc son cours, et les intérêts de tous ne pouvaient être placés en des mains plus capables de les défendre avec une haute impartialité. Mais telle est la conséquence d'une chute commerciale, à laquelle est venue fatalement se joindre une prévention plus grave encore, que la dépréciation ne connaît plus de limites : elle est écrasante, injustifiable, aucun effort ne saurait l'arrêter, et tout en la déplorant amèrement, je n'en parlerais même pas, si elle ne rejaillissait injustement contre moi, au point de vue de l'action qui m'est intentée. En effet, en me représentant l'énormité du capital englouti par mon entreprise, M. le juge d'instruction m'a dit : «Vous n'aurez peut-être pas **150,000** fr. d'actif? » Oh! qu'il me soit permis ici de protester de toute les forces de mon âme, et d'expliquer, par des exemples frappants, par des chiffres enfin, jusqu'à quel degré de stérilité peut descendre une valeur frappée par les faits mêmes qui écrasent son propriétaire. En pareille circonstance, il faudra bien l'admettre, l'action morale atteint d'abord l'homme, et puis sa pression fatale s'exerce non-seulement sur les œuvres de sa pensée, mais même sur les objets purement matériels. Le soupçon, hélas ! équivaut presqu'à une certitude, et en attendant que l'on se justifie ou que l'on succombe, votre actif *déconsidéré*, je ne trouve pas d'autre formule, est un non-sens et une non-valeur. Qui, plus que moi, en fait la triste expérience? Mes livres le constatent, une somme d'environ **2,400,000** fr. a été consacrée à l'alimentation de l'entreprise. De tous les hangars où les établissements ont été créés, j'en avais fait de magnifiques installations.

Voici une imprimerie qui jouit d'excellentes conditions à un droit au bail de 20 années, est située dans la zône commerciale la plus active de Paris, qui possède un magnifique matériel, 7 à 8 machines toutes neuves, valant chacune en moyenne de 8 à 9,000 fr., une machine à vapeur, une clicherie, peut-être 40,000 kilog. de caractères, tout à l'avenant; sa mise à prix sera de **50,000** fr.! Des machines à retiration de 9,000 fr., seront évaluées 1,500 fr.; des caractères neufs de 3 à 4 fr. le kilog., 1 fr.; les moins bons vaudront le prix de la fonte. Quelle plus value atteindra à la vente cet établissement de premier ordre ? S'il double sa mise à prix, ce sera inespéré, sans représenter, cependant, la moitié des constructions faites en un hiver à l'immeuble qui l'abrite. — Que dire des autres maisons, rien, si ce n'est que leur actif appartient au premier offrant, au pilon si personne ne se présente. Voici tel livre magnifiquement illustré, il vaut 20 fr.; au début de mon séquestre on en offrait 0,25 c.; ceux de 2 et 3 fr. se cotent 0,10 c.; ceux qui ne se vendront pas, représenteront le poids du papier, il y en a comme cela une montagne. Et les publications périodiques, fortifiées par de puissantes rédactions, commençant à se développer, les unes approuvées par l'épiscopat tout entier, les autres par les conseils généraux. Leur valeur vénale est si mince, qu'on perdrait plus de temps qu'elles ne valent à s'en occuper. Le matériel de Courcelles qui a coûté si cher, duquel des gens du métier honorables eussent dû tirer un si grand parti, n'a plus la moindre valeur. Oui, telle est la vérité, la triste, la navrante vérité, et qui faut-il en accuser? M. le juge commissaire, M. le syndic? Allons donc, personne plus que ces Messieurs ne déplorent un tel état de choses, ne voudraient pouvoir l'écarter... Non, non, il faut en rendre responsable cette cruelle situation subie par le chef de la maison, qui, par cela même qu'elle se produisait, réduisait à néant des forces vitales, auxquelles il ne fallait pour se développer que du temps et des hommes de bonne volonté.

Mais si l'on constate ce déplorable malheur, il n'est pas équitable de dire : *Vous n'avez pas d'actif, donc vous n'en êtes que plus coupable. Voici la formule vraie.* Vous pouviez avoir un actif, le temps seul l'eût fait connaître, mais les éléments qui le composaient ont été anéantis par la faillite, et plus encore par la prévention.

Je ne puis mieux faire ressortir la valeur ancienne de mon entreprise, et ce qu'on eût pu en tirer, si la direction m'en eût été laissée, qu'en reproduisant ici le travail que j'avais préparé pour mes créanciers, et dont je me proposais de leur donner lecture, en le développant oralement, à la réunion que j'ai vainement sollicitée de M. le séquestre judiciaire Michel.

« Messieurs, si profondément accablé de douleurs que je sois, fort
» de mes bonnes intentions et de mon innocence, je viens plaider
» auprès de vous une cause dont je ne désespère point, tant il me
» semble que vos intérêts sont inflexiblement attachés à son succès.
» Avant d'entrer dans aucun détail sur les faits qui ont produit la
» situation que je subis, j'oserai en constater le péril. On me dit
» que la maison doit 3,500,000 fr,, je le nie, mais sa dette n'en est
» pas moins énorme; peut-elle être sauvée dans ces conditions? Oui,
» Messieurs, si vous le voulez

» J'ai cru devoir diviser mon travail en deux parties distinctes :
» 1° les causes qui ont amené ce terrible déficit; 2° les moyens d'ac-
» tion qui, avec le temps, me paraissent devoir le combler, créer un
» état normal et, peut-être, la prospérité au lieu et place de toutes
» ces ruines.

» *Causes du danger présent....* Hélas, Messieurs, elles remontent
» à l'origine même de mon entrée dans le commerce. J'avais en
» principe commandité d'environ **80,000 fr.** des individus que
» vous ne connaissez que trop, les frères Marchand, et qui m'étaient
» recommandés, autant par la situation qu'ils occupaient dans la
» maison Napoléon Chaix et Cᵉ, que par la singulière habileté d'in-
» sinuation qui les distingue. Les Marchand s'adjoignirent un sieur
» Cartigny, dont vous connaissez la perfidie et les audaces; d'autres
» de leurs créatures se réunirent à leur action délétère, dont l'objet
» était ma ruine, afin d'en recueillir et d'en dilapider les épaves.
» Tous les moyens furent employés par cette bande pour détruire
» mon crédit, et rendre le développement de l'entreprise impossible.
» Vols sans nombre, calomnies, négation chez moi de la moindre ca-
» pacité; avertissements aux banquiers, aux fournisseurs auxquels
» j'inspirais de la confiance, lettres anonymes, tous les moyens leur
» étaient bons, et c'était, Messieurs, de ma Maison même, que par-
» taient, contre son chef et propriétaire légitime, les plus rudes
» coups.

» Vous comprenez, n'est-ce pas, les irréparables effets d'une telle
» tactique; elle m'enlevait mes appuis naturels, à savoir ceux de
» ma famille et de mes amis, mon crédit, les avances nécessaires,
» pour me lancer fatalement dans des emprunts onéreux qui épui-
» saient mes forces, et vers des relations étrangères, au contact des-
» quelles je ne pouvais que perdre. Ainsi toute liberté d'action
» m'était ôtée, et par suite les idées industrielles fécondes, les meil-
» leures combinaisons devenaient stériles.

» Peut-il faire preuve de capacité, de soins suffisants, de surveil-

» lance incessante dans les détails, l'homme qu'on accable chaque
» jour, pendant des années, de frais, d'ennuis, de suspicion, d'in-
» sultes, et qui ne trouve même plus auprès des siens ce concours
» naturel, consolateur, qui ne fait pas défaut aux plus humbles
» efforts?

» Quoiqu'il en soit, Messieurs, je ne perdais pas courage, et j'es-
» pérais que l'éloignement des plus mauvais rouages de mon admi-
» nistration ramènerait la confiance et la production. Je chassai donc
» successivement les frères Marchand, Cartigny et consorts, qui
» léguaient à mon initiative **80,000 fr.** de dettes exigibles,
» **300,000 fr.** d'échéances prochaines, le remploi de leurs vols,
» un crédit tout entier à reconstituer, et des opérations nouvelles à
» créer, puisque les anciennes, par le fait seul de leur participation,
» étaient frappées d'impuissance et d'indignité.

» Je me mis à l'œuvre avec un singulier courage. L'appui pécu-
» niaire de M. Berthomé, que le prince de Crouy-Chanel m'avait
» proposé et procuré, et qui, je le supposais, pouvait disposer des
» sommes qu'il me prêtait, m'était d'un puissant secours, et j'es-
» sayai de sauvegarder tous les intérêts. Mais, Messieurs, qui
» le sait mieux que vous et qui l'a plus longtemps ignoré que moi,
» les plus sûres conceptions industrielles se brisent, quand les agents
» chargés de les constituer, de leur donner la vie et le mouvement,
» ne sont pas tous honorables, dévoués et capables. J'avais, moi, *la*
» *conception;* tout ce que j'ai voulu organiser est vital, à tel point
» que, maintenant encore, votre volonté pourrait animer et fécon-
» der ces ruines. Mais, par une fatalité inexplicable, ou plutôt, à
» cause de la dépréciation de la maison désignée comme bonne à
» piller à cette nuée de faiseurs qui couvre le pavé de Paris, j'ai
» été amené à confier la direction de mes meilleures opérations à
» l'impuissance et à la trahison. De là, la création de ce gouffre
» aspirant sans cesse un capital énorme, ne rendant rien et m'enle-
» vant même, par les soucis dont il m'abreuvait, la réaction néces-

» saire pour arrêter le progrès du péril. Je ne veux point, ici, faire
» de récriminations, d'indignes joies accueillent, chez ces natures
» perverties, la chute qu'elles ont préparée, je les méprise trop pour
» m'en plaindre. Mais, je ne puis m'empêcher de déclarer qu'à di-
» vers titres les Marchand, Cartigny, Marziou, Riga, d'Olbreuse,
» Vannier, Etesse, Dunand-Narat, Debons, Beaudoin, Décembre,
» Alonnier, et combien d'autres, ont été, à des points de vue dif-
» férents, les causes fatales de la situation désespérante qui m'ac-
» cable aujourd'hui.

» Mais, Messieurs, enfin la lumière s'était faite dans mon esprit,
» toutes mes illusions avaient cessé et, faisant récemment justice
» des derniers éléments mauvais de mon entourage, j'avais gardé
» mes meilleurs employés, restreint les opérations, placé à la tête
» de mon imprimerie un homme d'une probité et d'une capacité no-
» toires, et confié la direction de mes principales publications à des
» personnalités éminentes. Oui, j'allais sortir victorieux d'un passé
» aussi cruel, lorsque l'affaire de M. Berthomé a éclaté et m'a mis,
» tout à la fois, en demeure de défendre mon honneur et vos inté-
» rêts.

» Avant de terminer ce rapide exposé, qui ne peut traduire
» cinq années de déceptions, de luttes et de douleurs sans nom,
» permettez-moi de constater *qu'une déclaration de faillite serait la*
» *ruine complète de tous*. Cela ressort de la nature même de mon in-
» dustrie, comprenant une imprimerie, qui ne peut vivre que par
» l'apport de nombreux travaux et des publications, dont le dévelop-
» pement doit [avoir lieu sous l'empire d'une large propagande
» unie à une grande considération.

» *Moyens d'action destinés à combler le déficit.* — Ils sont, Mes-
» sieurs, de plusieurs sortes, et ils forment entre eux une échelle
» continue et progressive. Si le comptoir d'escompte est substitué
» aux droits de M. Berthomé, vos créances partielles ou réunies dis-
» paraissent en face de l'énormité de la sienne. Ce serait donc de

» lui que dépendrait, en grande partie, la question de ruine ou de

» salut. Je traiterai tout d'abord l'éventualité de l'obtention de son

» appui, qui amènerait certainement l'amortissement successif de sa

» dette et de la vôtre. M. Lallement, dont personne ne révoque en

» doute la capacité, a démontré mathématiquement à MM. les admi-

» nistrateurs des compagnies de chemin de fer, qu'en alimentant de

» leurs travaux le matériel dont nous disposons, quelques années

» suffiront pour amener le remboursement complet de leur créance.

» J'appuie d'autant plus sur ce fait, qu'il n'offre rien d'aléatoire, et

» que, *la donnée étant admise*, qui, autant que les compagnies,

» dont nous deviendrons les débiteurs, aurait intérêt à presser

» leur amortissement par l'alimentation continuelle du travail.

» Messieurs, ici se présente une sérieuse objection. Le Comp-

» toir, en nous accordant ses commandes, croira faire énormé-

» ment, et en effet, il sauvera la situation. Il serait donc par trop

» audacieux de lui demander en outre un secours pécuniaire, pour

» acheter les fournitures indispensables et suffire aux premières

» avances. Quelques-uns d'entre vous, en offrant des marchandises

» et des fonds, ont déjà écarté cet obstacle, je les en remercie de

» toute mon âme, et suis heureux de leur faire connaître que la qua-

» druple combinaison toute préparée rue de Médicis, et dans la-

» quelle entrent *la Revue des Provinces*, *le Monde Chrétien illustré*,

» *le Moniteur du Clergé et des Paroisses* et *la Marine illustrée*,

» produira rapidement un mouvement de fonds suffisant, pour

» faire face aux frais des travaux qui nous seront confiés. Si la

» malheureuse affaire, qui m'écrase en ce moment, est immédiate-

» ment enrayée par la transaction dont j'essaye de formuler les

» bases, vous partagerez ma confiance et mes convictions, alors que

» je vous prouverai, pièces authentiques en main, que nous avons

» derrière nos publications le monde religieux et l'épiscopat, et que

» les plus illustres appuis sont acquis à *la Revue des Provinces* et à

» la création de *la Marine illustrée*. Vous ne douterez pas non plus

» des rentrées immédiates, devant former notre fonds de roule-
» ment au moyen de cette immense quantité de primes en livres,
» cadres, gravures, objets religieux, sujets dont la variété s'appro-
» prie à chaque sorte d'opération qu'il s'agit de développer. Dus-
» sions-nous donner ces primes pour rien, elles seront la cause dé-
» terminante d'un encaisse considérable, qui nous permettra d'at-
» teindre la production, que nous assurent nos publications et les com-
» mandes des compagnies.

» Du reste, Messieurs, si les déceptions d'un passé que je déplore,
» vous inspirent une grande réserve à l'endroit de mes espérances
» dans l'avenir, interrogez les chefs de mes publications, demandez-
» leur ce qu'elles renferment d'appuis, de concours, de promesses
» et d'espérances fondées de subvention ; formez, comme c'est votre
» droit et votre devoir, votre conviction en dehors de la mienne,
» faites administrer l'entreprise par une personne rompue aux af-
» faires et surtout douée de l'esprit de détail. Pour moi, je ne de-
» mande que la faveur de me vouer exclusivement à la propagande
» de la pensée honnête qui préside à chacune de mes créations, j'irai
« d'évêché en évêché, de commune en commune, fortifier un pa-
» tronage déjà acquis, et faire appel au capital.

» Il y a encore dans la maison, une propriété très-importante
» comme valeur mercantile, qu'il est de mon devoir de vous signaler,
» c'est le *Dictionnaire populaire illustré*. Cette œuvre, par son bon
» marché sans précédent et ses illustrations, produira indubitable-
» ment d'énormes rentrées, si on s'en occupe avec zèle et probité.

» Si j'arrive enfin à vous dire quelques mots de ce que, dans l'a-
» venir, et en ne voulant suivre que votre propre impulsion, j'appel-
» lerai le couronnement des efforts que je vous adjure d'autoriser,
» c'est que la réalisation de *La Maison métropolitaine du clergé*, telle
» qu'elle est conçue dans la brochure que je vous fais remettre, a
» été toujours et de tous temps, le but de mes opérations. Croyez-le,
» cette création est une nécessité de situation, qui, tôt ou tard, sera

10

» réalisée par des capitalistes puissants. Mais, il ne s'agit pas de cela
» pour l'instant, et quand je vous demande à vivre, afin de m'ac-
» quitter envers vous, je ne serai point assez téméraire pour vous
» affirmer la prospérité, telle que je l'avais conçue.

» Enfin, Messieurs, il est une condition, *sine quà non*, de la sauve-
» garde de vos intérêts, c'est de me rendre le plus tôt possible, non
» pas à la direction de mes affaires, mais à la liberté d'action qui,
» en reproduisant ma considération, me permettra, dans la mesure
» qui me sera déterminée, de prouver à quel point mon concours
» peut être précieux auprès des éléments élevés auxquels j'ai tou-
» jours voulu faire appel. Pour l'administration supérieure de l'en-
» treprise, je demande avec la plus vive instance un directeur et un
» conseil d'administration, qui soient l'émanation même de votre au-
» torité, et qui, par la sévérité de leur surveillance, autant que par
» l'intelligence de leurs décisions, sauvent l'objet principal de mes
» anxiétés, *votre avoir;* ce sera l'œuvre du temps et d'efforts, dont
» je sollicite l'honneur d'être le plus dévoué des auxiliaires.

Paris, le 20 mai 1866.

Tel était mon langage et l'objet de mes constantes préoccupations
quelques heures après mon arrestation; je m'adressais au Sous-
Comptoir; je m'adressais à mes créanciers personnels, dont je connaissais les excellentes dispositions. J'étais à mille lieues de la faillite, je
ne la supposais point possible, attendu que j'avais une foi absolue
dans la possibilité de trouver, dans mon entreprise même, les moyens
suffisants pour tout réparer. Ni les incidents qui se sont produits depuis cette époque, ni ce mépris qui s'attache à toute opération déchue de sa dignité ou de sa vigueur, n'ont pu modifier ma
conviction. Qui comprendra le mobile qui a pu déterminer le
Sous-Comptoir des chemins de fer à refuser l'aliment qui lui
reproduisait son capital? Pourquoi cette abstention systématique

de M. le sequestre Michel à me refuser un seul instant d'entretien ?
A quel titre cette dépréciation de tout ce qui, de près ou de loin,
se rattache à mon industrie ? Comment, en quelques jours, en
suis-je arrivé, en un mot, à ce degré d'impuissance ? Parce que
le *vœ victis* est la chose la plus inhumaine, mais la plus cruellement
pratiquée, au sein des sociétés mêmes qui se targuent davantage
de libéralisme et de charité : parce qu'il est d'usage que l'ingra-
titude s'exerce avec plus de force, en raison de ce qu'elle
suppose pouvoir frapper sans danger. Par la prévention, la justice,
qui ne recherche et ne veut qu'une juste répression, et sait même
tempérer ses arrêts par des considérations d'humanité, donne, sans
qu'elle puisse s'y soustraire, des armes terribles aux envieux, aux
lâches et aux ingrats. Pour les plus indulgents, je suis devenu un
phénomène d'imbécilité le jour où j'ai été *prévenu;* pour d'autres,
j'étais pis encore. Ne céderait-on pas à tout acte de désespoir, si on
ne se réfugiait dans sa conscience, le témoignage de quelques amis
fidèles, et surtout en la bonté de Dieu !

Une consolation me reste au milieu de ce désastre, et je ne la
considérerai certes point comme une excuse morale ou légale. Je
n'aurai pas à déplorer de ruines personnelles, les cris de détresse des
familles, dont j'aurais broyé les intérêts, ne viendront point augmenter
mes tortures. Je m'explique. Pour les créances en dehors du Comptoir, la plupart de celles qui sont valeurs de banque, en raison du
taux de leur escompte, sont depuis longtemps remboursées et au-
delà. Que Messieurs les fournisseurs me permettent d'espérer que,
lors même que mon dividende serait nul, et tel ne sera pas le cas, si
funeste que soit la dépréciation, ils n'auront perdu que peu de chose,
en raison de la longue série de travaux bien payés dont ils ont bénéficié. Quant à l'énorme dette de M. Berthomé, il paraît que la perte
en est répartie de telle façon, qu'un dommage insignifiant atteint les
intéressés. Je me hâte d'ajouter que, si je constate ces faits, ce n'est
qu'afin d'éloigner, des moyens invoqués, le spectacle navrant de

misères irréparables, autrement je voudrais, au prix de ma vie, désintéresser la plus modeste comme la plus importante des créances, celles mêmes, et à quel degré ne seraient-elles pas nombreuses, dont je pourrais contester la légitimité.

En présence de quelle situation suis-je placé ? au moral, elle est la plus cruelle que l'on puisse imaginer — je ne me le dissimule point; le fait seul d'une telle prévention est écrasant et irréparable. Ah! que l'instruction, qui s'arme de faits dont elle tire des déductions qui lui semblent rigoureuses, ne peut-elle lire dans les cœurs, sonder les intentions et photographier la pensée qui conçoit et guide l'intention, comme j'aurais, en ce qui me concerne, à m'en applaudir. Mais ce verdict là, Dieu seul le rend, et il n'y attache pas ordinairement les biens et les considérations terrestres.

Quoi! je serais coupable! J'aurais pu recueillir et provoquer sciemment des détournements sans nombre, pendant des années, pour les engloutir dans des entreprises stériles, sans songer un instant à la prévoyance de mettre une obole de côté!

Quoi! je serais coupable! Avec des moyens pécuniaires tels, que j'aurais pu me constituer à l'étranger une fortune et y aller m'y abriter au sein même de mon indignité, et j'aurais attendu pendant des semaines, des mois et des années, que la main de la justice s'appesentît sur moi!

Quoi! je serais coupable! Et sans y être le moins du monde incité j'aurais accumulé lettres sur lettres, témoignages sur témoignages, pour libeller, pour ainsi dire, de ma propre main, ma condamnation! Peut-on concevoir, tout à la fois, cet excès d'imprévoyance et d'infamie?

Je n'ai pu, dans ce travail, si long qu'il soit, que grouper les principales considérations qui militent en ma faveur, celles que mes souvenirs troublés m'ont permis de reproduire; mais, qui saura jamais ces mille et un riens, dont la cohésion formait dans mon esprit l'élément d'une permanente et complète sécurité. Fatale illusion, sans doute, mais qui par cela même qu'elle fut sincère, doit m'exonérer d'une volonté criminelle, de cette intention coupable que la loi exige pour se montrer inflexible.

Je livre avec une confiance absolue les moyens qui précèdent à mon illustre défenseur, et ce sera pour moi une grande consolation s'ils peuvent m'acquérir son estime et ses sympathies. Je me fie, pour les faire triompher, à sa voix puissante et religieusement écoutée, et je supplie enfin la Providence qu'elle daigne permettre, en raison des efforts qu'elle sait que j'ai toujours tentés pour le bien, que le verdict de la justice me laisse transmettre intacte, à mes trois petits enfants adorés, la tradition d'honneur que j'avais recueillie de ma famille.

Paris, le 17 juillet 1866.

DUPRAY DE LA MAHERIE.

503 — Paris.. — Imp. Dupray de la Mahérie, 5, impasse des Filles-Dieu.